新中国经济思想研究

丛书主编：程霖

“十三五”国家重点出版物出版规划项目

上海市哲学社会科学学术话语体系建设办公室、上海市哲学社会科学规划办公室“新中国成立70周年”研究项目

理论经济学上海Ⅱ类高峰学科建设计划项目

中央高校建设世界一流大学学科和特色发展引导专项资金和中央高校基本科研业务费资助项目

新中国人口思想研究（1949～2019）

梁　捷◎著

中国财经出版传媒集团

经济科学出版社

Economic Science Press

图书在版编目（CIP）数据

新中国人口思想研究：1949－2019/梁捷著．
—北京：经济科学出版社，2019.9
（复兴之路：新中国经济思想研究）
ISBN 978－7－5218－0942－8

Ⅰ.①新… Ⅱ.①梁… Ⅲ.①人口学－思想史－
研究－中国－1949－2019 Ⅳ.①C92－092

中国版本图书馆 CIP 数据核字（2019）第 201086 号

责任编辑：孙丽丽　纪小小
责任校对：王肖楠
版式设计：陈宇琰
责任印制：李　鹏

新中国人口思想研究（1949～2019）
梁　捷　著
经济科学出版社出版、发行　新华书店经销
社址：北京市海淀区阜成路甲 28 号　邮编：100142
总编部电话：010－88191217　发行部电话：010－88191522
网址：www.esp.com.cn
电子邮件：esp@esp.com.cn
天猫网店：经济科学出版社旗舰店
网址：http：//jjkxcbs.tmall.com
北京季蜂印刷有限公司印装
710×1000　16 开　11 印张　170000 字
2019 年 9 月第 1 版　2019 年 9 月第 1 次印刷
ISBN 978－7－5218－0942－8　定价：39.00 元
（图书出现印装问题，本社负责调换。电话：010－88191510）

总　序

新中国成立70年来，中国经济建设取得了举世瞩目的辉煌成就，尤其是改革开放之后，中国经济体制出现了重大转变，经济实现持续高速增长，跃居全球第二大经济体和第一大贸易国，在世界政治经济格局中的地位与角色日益凸显，步入了实现中华民族伟大复兴的良性发展轨道。与中国经济体制转变同步，中国经济思想在理论范式和学术进路上也经历了比较大的调整。从计划经济时代形成的以马克思主义政治经济学和苏联社会主义政治经济学为主要内容和理论体系，逐渐过渡到以马克思主义为指导，政治经济学、西方经济学和中国传统经济思想多元并进的局面，这为中国特色社会主义市场经济理论和体制的形成与发展创造了良好的条件。

在此过程中，中国经济思想的发展演变与中国经济的伟大实践也是紧密相关的。尤其是在改革开放以后，中国经济在“摸着石头过河”的过程中涌现出了大量前所未有的、在其他国家也较为鲜见的经济创新实践，这就对源于西方成熟市场经济国家的经济学理论的解释力和预测力提出了挑战，蕴育了经济理论创新的空间。可以说，中国经济实践探索呼唤并推动了中国经济思想创新，而中国经济思想创新又进一步引领了中国经济实践探索。新中国70年的复兴之路在很大程度上是中国人民奋力开创的、为自己量身打造的发展模式，离不开国人在诸多经济问题与理论上的理解、决断与创造，这些也构成了新中国成立以来各领域所形成的丰富经济思想的结晶。

站在新中国成立70周年的重要历史时点上，中国正处于速度换挡、结构优化、动力转化以实现高质量发展的关键当口，有必要系统回顾总结新中国经济思想，较为全面地展示新中国成立70年以来中国经济思想在若干重要领域上的研究成果。这将为新时代构建有中国特色的社会主义政治经济学学科体系、学术体系和话语体系提供可靠立足点，同时基于对当代中国经济发展建设与民族复兴内在规律与经验的总结凝练，也将有助于指导并预测中国经济未来发展方向，明确新时期进一步加快实现民族复兴的道路选择，并为世界的经济发展提供具有可借鉴性和可推广性的"中国方案"。

目前，以整体视角全面梳理新中国经济思想的研究成果主要是一些通史性著作，以谈敏主编的《新中国经济思想史纲要（1949～1989）》"新中国经济思想史丛书"等为代表。这类著作通常以理论经济学和应用经济学一级学科为基础构建总的研究框架，然后再以其各自的二级学科为单位，逐一展开研究。这类研究的优点是有利于严格遵循经济学的学科体系，涵盖范围较广，学术系统性较强。但是其更加侧重经济思想学术层面的探讨，对经济思想的实践层面探讨不多。而且，一些具有丰富经济思想内容但没有作为独立二级学科存在的领域，未能被这类研究纳入其中。

与此同时，还有一类研究以张卓元主编的《新中国经济学史纲（1949～2011）》为代表，既包括以时间线索划分的通史性考察，也包含有专题式的研究（如社会主义市场经济理论、所有制理论、企业制度理论、农业经济理论、产业结构与产业组织理论、价格改革理论、宏观经济管理改革理论、财政理论、金融理论、居民收入理论、社会保障理论、对外开放理论等)，更好地将经济理论研究与中国重大发展改革问题联系起来。这类研究的优点在于更贴近中国本土的经济问题，不拘泥于经济学科的科目划分。但由于涉及内容广泛但又多以单部著作的形式呈现，篇幅有限，所以对于所考察的经济思想常常难以做到史料丰富详实、分析细致深入。

因此，如何拓宽研究视角、创新研究体系和方法，进而对新中国经济思想的理论变迁与实践探索展开更为全面且系统深入的研究，是“复兴之路：新中国经济思想研究”丛书（以下简称丛书）拟做的探索。

对于中国经济思想的探索与创新研究，需要正确处理好学科导向和问题导向的关系。不能局限于学科导向而忽视中国经济现实问题，应该在确保学科基质的基础上以问题导向开展相关研究。同时，也要认识到，中国经济现实问题中蕴含着学科发展的内在要求、学科延伸的广阔空间、学科机理的不断改变。据此，丛书尝试突破学科界限，构建以重大问题导向为划分依据的研究框架。紧密围绕中国经济建设的目标与诉求、挑战与困境，针对新中国经济发展过程中重大问题的理论探索设计若干子项目，分别以独立专著形式展开研究。这种研究框架，能够更加紧密地融合理论与实践，更加具有问题意识，有助于将中国经济改革与发展中形成的重要经济思想充分吸纳并作系统深入的研究，可视为对上述两种研究体系的一种补充和拓展。

在研究体例和方法上，丛书所含专著将致力于在详尽搜集各领域相关经济思想史料的基础上，一方面对该思想的产生背景、发展演变、阶段特征、突出成果、理论得失、未来趋势等方面进行系统梳理与考察，另一方面则围绕思想中所体现的重大理论与现实问题，在提出问题、捕捉矛盾、厘清思路、建立制度、投入实践乃至构建理论等方面做出提炼与判断。同时将尽可能把握以下几点：

第一，把握各子项目研究的核心问题和主旨线索。因为丛书是以重大理论与现实问题导向为切入口，那么所探讨的经济思想就要能触及中国社会主义经济理论与市场经济建设的关键实质，聚焦问题的主要矛盾，进而更有针对性地串联起相关的经济思想。例如，在“新中国经济增长思想研究”中，著者认为经济增长方式（主要分为外延式和内涵式）的明确、选择与转换，是中国经济增长研究的主旨线索；在“新中国产业发展思想研究”中，著者认为根据不同时期的结构性条件变化，选择发挥外生比较优势的产业发展路径还是塑造内生竞争优势的产业发展路径是经济思想探讨的关键；在“新中国民营经济思想研究”中，不同时期以来我国各界对于民营经济的态度、定位及其在社会主义建设中的角色则是一个重要问题，等等。只有把握住核心问题与主旨线索，才能使得经济思想史的研究更有聚焦，在理论贡献挖掘与现实启迪方面更有贡献。

第二，明确各子项目研究的历史分期。由于各子项目均将以独立专著形式出现，考虑到篇幅及内容的系统性，丛书选择以纵向时间作为基本体例。在历史分期的问题上，丛书主张结合中国宏观经济体制、经济学术及诸多背景环境因素的阶段性变化，但更为根本的是应探索各子项目核心问题的内在发展逻辑，以此作为历史分期的主要依据。所以不同子项目可能会以不同的历史分期作为时间框架。

第三，综合运用多种方法，对各子项目所包含的经济思想进行全面且系统的解读。在运用史料学、历史分析等经济史学传统研究方法的基础上，注重采用现代经济学、经济社会学等相关理论和历史比较制度分析、历史计量分析、经济思想史与经济史交叉融合的研究方法，进而以研究方法的创新来推动观点与结论的立体化与新颖化。

本丛书的策划缘起于我所主持的2017年上海哲学社会科学规划“新中国70周年研究系列”项目——复兴之路：新中国经济思想研究，后有幸被增补为“十三五”国家重点出版物出版规划项目。当然，相关书稿的写作许多在2017年之前就已经开始，有些还是获得国家社科基金资助的著作。最初设计时选取了20个经济思想主题，规划出版20本著作，涵盖了新中国经济思想的许多重要方面，具体包括：新中国经济增长思想研究、新中国经济转型思想研究、新中国对外开放思想研究、新中国经济体制改革思想研究、新中国国企改革思想研究、新中国民营经济思想研究、新中国金融体制改革思想研究、新中国农村土地制度改革思想研究、新中国经济特区建设思想研究、新中国产业发展路径选择的经济思想研究、新中国旅游产业发展与经济思想研究、新中国国防财政思想与政策研究、新中国财税体制改革思想研究、新中国反贫困思想与政策研究、新中国劳动力流动经济思想研究、新中国城镇化道路发展与经济思想研究、新中国区域发展思想研究、新中国城市土地管理制度变迁与经济思想研究、新中国城乡经济关系思想研究、新中国经济理论创新等。后来由于各种原因，至丛书首次出版时完成了其中的13本著作，对应上列20个主题的前13个，其他著作以后再陆续出版。

丛书依托于上海财经大学经济学院。上海财经大学经济学院是中国经济思想史与经济史研究的重要基地和学术中心之一。半个多世纪以来，在以胡寄窗先生为代表的先辈学者的耕耘下，在以谈敏、杜恂诚、赵晓雷教授为代表的学者的努力下，上海财经大学经济思想史、经济史学科的发展对我国经济史学学科的教育科研做出了重要贡献。在学科设置上，经济学院拥有国家重点学科——经济思想史，并设有国内首家经济史学系和上海财经大学首批创新团队“中国经济转型的历史与思想研究”，致力于促进经济思想史和经济史学科的交叉融合，并实行中外联席系主任制、海外特聘教授制等，多渠道、多方式引入海内外优质教育资源，极大地促进了中国经济史学研究的国际化和现代化。

近年来，上海财经大学经济史学系建立起梯队完善、素质较高的人才队伍，聚焦于新中国经济思想史研究，已形成了一批具有影响力的学术成果，为本项目的顺利开展奠定了基础。丛书的写作团队即以上海财经大学经济学院经济史学系的师生、校友为主，其中部分校友任职于复旦大学、深圳大学、上海社会科学院、中国浦东干部学院等高校和科研机构，已成为相关单位的学术骨干。同时，部分书目也邀请了经济学院政治经济学系的几位学者撰写。在整体上，形成了老中青结合、跨学科互补的团队优势与研究特色。当然，由于作者的学科背景有别、年龄层次差异、开始着手研究撰写的时间和前期积累状况不同，以及研究对象的复杂性和整体计划完成的时间有限等原因，丛书中各著作的写作风格并不完全一致，还存在诸多不足，也未能完全达到预期目标，敬请读者批评指正！丛书创作团队将以此批研究成果为基础进一步深化对新中国经济思想的研究。

丛书的出版得到了经济科学出版社的大力支持。此外，丛书也得到了理论经济学上海Ⅱ类高峰学科建设计划项目、上海财经大学中央高校建设世界一流大学学科和特色发展引导专项资金及中央高校基本科研业务费资助项目等的资助。在此一并致谢！

程　霖

2019年7月

目　录

CONTENTS

◇◇◇◇◇◇◇◇◇◇◇ 第四章 ◇◇◇◇◇◇◇◇◇◇◇

计划生育思想萌芽时期：1970～1979 年

◇◇◇◇◇◇◇◇◇◇◇ 第五章 ◇◇◇◇◇◇◇◇◇◇◇

计划生育思想主导时期：1980～2000 年

◇◇◇◇◇◇◇◇◇◇◇ 第六章 ◇◇◇◇◇◇◇◇◇◇◇

计划生育思想反思时期：2000～2013 年

◇◇◇◇◇◇◇◇◇◇◇ 第七章 ◇◇◇◇◇◇◇◇◇◇◇

反思时期：2013～2019 年

◇◇◇◇◇◇◇◇◇◇◇ 第八章 ◇◇◇◇◇◇◇◇◇◇◇

现状和启示

第一章

导　论

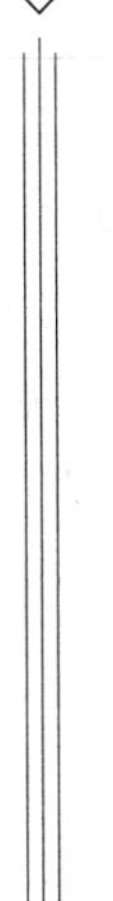

新中国成立70年来，中国人民为促进经济增长、实现国家富强和民族复兴做出了长期不懈的努力和奋斗，取得了举世瞩目的成就。依据新古典经济学原理，人口的数量和质量是经济增长中最为关键的因素。中国在人口思想方面进行了深入持久的探讨，并取得了丰硕的成果。

我们不妨先来看一看，在过去的半个多世纪里，中国与全世界的人口数量发生了什么样的变化，具体如表1－1所示。

表1－1　　1950～2010年中国人口占世界人口比例

年份	中国大陆人口（亿人）	世界人口（亿人）	中国大陆人口占世界比例（%）
1950	5.44	25.25	21.5
1960	6.44	30.18	21.4
1970	8.09	36.82	22.0
1980	9.78	44.40	22.0
1990	11.55	53.10	21.7
2000	12.70	61.27	20.7
2010	13.41	69.30	19.4

资料来源：国家统计局和世界银行。

如表1－1所示，1950年新中国刚刚成立的时候，整个中国的人口达到5.44亿，在全世界25.25亿的人口中占到了21.5%。中国人口已经超过了全世界人口的1/5。而当时中国的人均国内生产总值（GDP）水平极低，按照1990年国际美元的价值折算，仅有347美元，排在世界第104位。所以，新中国的经济是从一个人均经济水平较低、人口负担较重这样一个非常困难的现实基础上开始出发的。

从1950年到1980年，在这短短几十年的时间里，中国的人口从5亿多人增长到接近10亿人，几乎翻了一番。当然在这个时期，全世界的人口总量也在飞速发展，中国人口总量占世界人口总量的比重也略有增长，达到了22%。1980年，中国的人均GDP仅有308美元，排在世界第122位。30年间中国经济的增长速度落后于人口的增长速度，导致人均GDP

的世界排名进一步下降。

但是从 1980 年到 2010 年，中国人口增长的趋势发生了极大的改变。同样是 30 年，中国的总人口从 9.78 亿人增长到了 13.41 亿人，显著低于世界人口平均增长速度。到了 2010 年，中国总人口占世界总人口的 19.4%，已经降低到了 1/5 以下。

与此同时，中国的经济在 1980 年以后取得了惊人的增长。如图 1－1 所示，1980 年时，中国人均 GDP 只有 300 美元左右，而到了 2018 年底，中国的人均 GDP 已经接近 1 万美元。如果按照购买力平价来计算，中国的人均 GDP 已经超过了 1 万美元，翻了 30 番还不止。

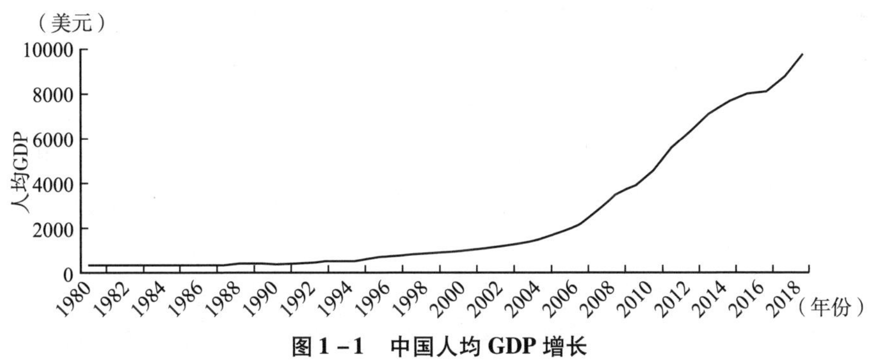

图 1－1　中国人均 GDP 增长

资料来源：世界银行。

中国人口无序增长的趋势已经发生改变。按照人口发展的趋势，根据 2019 年发布的《人口与劳动绿皮书：中国人口与劳动问题报告 No. 19》的研究结果，中国人口将在 2029 年达到峰值 14.42 亿人，从 2030 年开始进入持续的负增长，2050 年减少到 13.64 亿人，2065 年减少到 12.48 亿人，即缩减到 1996 年的规模。如果总和生育率一直保持在 1.6 的水平，人口负增长将提前到 2027 年左右出现，2065 年人口将减少到 11.72 亿人，相当于 1990 年的规模。[①]

在这过去的半个多世纪里，中国人口与中国经济发生如此剧烈的变

---

① 张车伟主编：《中国人口与劳动问题报告 No. 19》，社会科学文献出版社 2018 年版。

动，与之直接相关的人口思想研究也必然发生巨大的变动。例如20世纪50年代，马寅初在《人民日报》上发表《新人口论》，在总结历史经验和研究中国实际人口情况的背景下，主张对人口加以限制，引发了激烈的争论。

马寅初的观点在20世纪50年代受到批判，很长一段时间内都未得到重视。但是到了1980年，随着中共中央发表《关于控制我国人口增长问题致全体共产党员、共青团员的公开信》（以下简称《公开信》），正式开始推行一孩政策的计划生育时，学界对于马寅初的认识发生了全面的转变。从80年代一直到2000年，计划生育很快普及开来，并成为深入人心的基本国策。当时大多数的研究，都倾向于肯定计划生育政策。中国经济也在这个过程中取得了巨大的进步。

然而到了2000年，第五次人口普查数据公布，学界发现中国的出生率远低于预期，中国未来出生率有进一步降低的趋势，严格一孩的计划生育政策可能不利于中国经济的发展，需要逐步放开二孩，作出相应的调整。21世纪的前10年，整个人口学界都在探讨这个问题，从分歧到统一。

政策的施行具有一定的时滞性。2000年，中国就已宣布在全国大多数地区放开双独二孩，然而影响非常小。2013年末，中国终于宣布，放开单独二孩，开始推动改变施行了30多年的计划生育政策。到了2015年，中国又进一步，全面放开二孩。至此，中国的计划生育政策全面地发生了转向。然而，还是有很多人口学者认为，中国放开二孩已过迟，中国目前的出生率过低，以后将面临老龄化等一系列结构性问题。时至今日，这些问题仍然是学界的热门话题。

因此，我们有必要回顾一下，新中国成立以来，人口和经济都发生巨大变化的背后，人口思想所经历的转变。一方面，这有利于我们总结过去的经验和教训；另一方面，这也将为我们认识中国的人口现状、思考中国人口的未来，提供一些有益的视角。

第一节　研究对象与研究视角

本书的研究对象是新中国人口思想的发展与演变，包括发展阶段、变迁路径、变迁规律、主要特征、影响因素、成就与不足等问题。因此，有必要从时间、内涵以及具体史料上进行逐层说明，从而明确限定本书将探讨的具体内容。

首先，从研究的时间概念上看，本书将新中国的时段界定在1949～2019年间。1949年，新中国成立，这标志着一个新时代的开始。自此，不仅建立了新的政治体制、经济制度，也实现了较快的经济增长，取得了举世瞩目的经济成就，而人口思想与人口政策也与之前存在显著不同。之所以选取2019年作为截止年限，是因为中国在2015年底通过《人口与计划生育法修正案》，从2016年终于开始正式施行“全面放开二孩”政策，而到了2017年才能比较有效地总结该政策所产生的效果。到了2018年和2019年，“全面放开二孩”政策的影响更为明显，有很多学者对这个政策的效果进行了反思和讨论。直至今天，讨论仍在继续中。所以，本书并不想采用一个封闭式的节点，而是希望更开放地展示各派学者在这个问题上的判断和思考。

其次，从“人口思想”这一内容来看，主要是指对于人口规模、人口结构、人口政策、人口相关问题的研究思想。人口思想当然离不开现实的人口状况。然而，对于中国这样一个大国而言，全国范围内的人口状况是非常难以了解清楚的。中国历史上曾有过很多次人口普查的实践。① 1953年，中国做了第一次现代意义上的全国人口普查。1962年做了第二次全国人口普查，1982年做了第三次全国人口普查。从1990年开始，中国每隔10年做一次人口普查，所以1990年、2000年和2010年，中国又做了三

① 沈益民：《中国人口统计的历史沿革和新中国的人口普查》，载于《中国统计》1982年第1期。

次全国人口普查。新中国总共做了六次人口普查。每一次人口普查都耗费大量人力物力，随着科学技术不断进步，人口普查的质量也有所提高。但即便是最近一次人口普查，其中仍然存在很多技术问题，不同人口学者对此也有不同的解读。因此，要弄清楚每时每刻中国的人口情况，哪怕是做一个判断，都不容易，都可能产生争议。这正是人口研究最基本的困难所在。

人口普查最多只能10年进行一次。在这10年里，可能发生很多情况，都会对人口总量或人口结构造成影响。在人口数据尚不能全面体现人口状况的年代，对于中国人口的研究，往往需要借助各种数学模型、统计方法，或者综合很多其他方面的材料，对人口总量和人口结构加以估算。大多数人口思想和人口理论也都建立在这些工具基础之上。随着人口普查水平的提高以及数学统计方法水平的提高，我们今天对于人口现状的把握和认识程度在飞速进步，人口思想也必然随着技术进步而进步。因此，中国人口思想的研究不能离开当时中国人口的状况。

此外，因为人口变化是一个较长的历史动态过程，人口思想是对人口变化的归纳、总结，所以人口思想也需要置于较长时间段内加以考察。如果只是简单罗列各种人口思想，就可能损失考察的整体视野。在研究时段内，中国人口政策和主流人口思想发生多次变动，在各个时期都呈现出不尽相同的特点。中国的人口思想经历了一个演进变迁的过程。因此，只有从一个动态的角度出发，系统梳理并展示新中国人口思想的发展演变，提炼演变各个阶段的特点，分析演变背后的机制，才能充分搭建起新中国人口思想史的整体框架，也才能对以后的思想发展与理论研究提供一些有益的借鉴。

综上所述，本书所要研究考察的“新中国人口思想”是指1949～2019年间，中国国内产生的有关中国人口问题的学术成果、思潮和政策中的主要内容，及其变迁轨迹、特征、动因与绩效等。以上就是本课题最终确立的研究对象。

本书研究过程中，主要采取三种不同的视角，并将这三种视角相互结合、相互比较，从而尝试着对中国人口思想做出全面性的刻画。第一，是实证主义的视角，即关注中国学者对于中国人口状况的评估。直至今日，我们尚且无法从很多细节来把握中国人口现状，在之前的数十年里，这种欠缺就更为严重。很多人口学者都只是在用不同方法估算当时的人口。所以，本书自始至终关注人口学者对于人口的估计和推算研究。

第二，中国人口学者在研究人口问题时，对于生育率和人口结构都有自己的解读。即使面对同样一套数据，不同学者的解读也会大相径庭。因为对于人口总量和人口结构的认识，必然涉及对于经济水平、社会结构等问题的认识。人口问题并不是孤立存在的，其与经济、社会等诸多问题都有紧密联系。所以，本书特别关注不同人口学者对于同一个人口现象的不同阐释。

第三，人口状况受到各种经济、社会、文化因素的影响，与此同时，政府也一直积极地试图采用人口政策对人口数量和人口结构在宏观层面加以调控。所以，探讨人口思想必然也要探讨学者的政策建议和有关部门的政策制定。

以上，就是本书尝试采用的三种不同的研究视角，希望通过采用这些不同视角，并且相互印证，最终提供一个对于新中国成立 70 年人口思想的全面性的分析框架。

第二节　研究问题的复杂性

人口问题是一个系统性问题，一个最核心的因素为生育意愿。学者米勒和帕斯塔（Miller and Pasta）曾提出，生育态度、生育欲望，还有最根本的生育动机，都会通过影响生育意愿来决定最终的生育行为。那么生育意愿如何影响生育行为？这是个困难的问题。但是从逻辑上分析，从观念到行为，必然遵循一种逻辑链条：生育动机—生育意愿—生育打算—生育行为—生育率。

所谓生育意愿，就是指影响生育行为的观念、态度或看法，生育意愿包含三个具体的维度：意愿子女数、意愿子女性别、意愿生育时间。哈格温和摩根（Hagewen and Morgan）在系统梳理了美国 1970 ~ 2002 年间的生育态度及生育水平研究之后，确立了理想孩子数、意愿孩子数、实际生育等不同的概念，他们的研究发现，这些国家的理想子女数大于意愿孩子数，意愿孩子数又大于实际生育数。①

虽然生育意愿只是个人意愿，但是国家和政府总有强烈意愿对此进行干预。他们的动机中包含了很多社会目的，并非简单的人口或经济目的。具体操作上，他们往往尝试通过各种人口政策来实现与人口总量或人口结构相关的政策目标。但是人口政策又是最为敏感的政策，它会直接涉及生育这项非常基本的个人权利。所以任何人口政策都可能引来极大的非议和批评。这里，我们不妨先回顾一下人口控制和计划生育的思想史。

达尔文早在19世纪中叶就提出“物竞天择，适者生存”的进化学说，这也是后来优生学的哲学基础。但达尔文自己并未尝试将其运用到人类社会。高尔顿直接受到达尔文的进化论的影响，提出并倡导了优生学。1912年第一届国际优生学大会在伦敦召开，达尔文的儿子主持了这次会议。社会达尔文主义（Social Darwinism）和优生学（eugenics）于19世纪末20世纪初在欧美国家开始广泛流行，虽然这并非达尔文的本意。

在历史上，如果回归倡导计划生育最有名的人士，那么社会运动家玛格丽特·桑格（Margaret Sanger，1879～1966）一定会被提及。桑格出生于美国一个普通的家庭，她是家中11个孩子中的第6个。据她描述，她的母亲共怀孕过18次，最后存活了11个孩子。她母亲最后去世的时候还不到五十岁。

母亲的经历对桑格产生巨大的影响。成年以后，桑格在纽约市的移民社区当护士，又看到许多贫穷移民妇女因不断的生育而无法摆脱贫穷，于是她于1912年倡导计划生育，1914年印发杂志宣传避孕，1916年开设计划生育门诊部，1921年创立了美国限制生育联盟，1922年出席了在伦敦举行的第一届国际限制生育大会。桑格提倡控制人口主要是出于优生学和种族主义的考虑。桑格认为，人类的生育不应单纯由男人和政府决定，也应该由女性参与决定。同时她又建议政府干预生育，实行准生证制度。

1921年第二届国际优生学大会在美国纽约召开，亨利·奥斯本

① Hagewen K. J. and Morgan S. P.. 2010. Intended and Ideal Family Size in the United States, 1970－2002. *Population & Development Review*, 31 (3), 507－527.

（Henry Osborn，1857～1935）担任大会主席，并大力组织和推动了美国优生学会成立，使其成为推动人口控制思想的主要机构。

20世纪20～30年代初期，美国人对优生学依然抱有很高的热情。1932年，美国仍处于大萧条的阴影之中，但奥斯本在美国纽约召开的第三届国际优生学大会上发表演说。奥斯本提出，美国经济萧条的重要原因之一就是人口过多。人口数量已经超出正常的土地和资源的承载能力，导致大量人口失业。但是奥斯本在深入研究后也承认，节育运动并不见得是控制人口的最好方法。

不过，20世纪30年代美国大萧条在罗斯福新政后彻底结束，奥斯本开始思考，有必要单独设立人口学，用更科学的方法计算人口数量、规划人口结构，从而改变大众对人口的看法。

所以，现代意义上的人口学在这种背景下逐步形成。弗雷德里克·奥斯本（Frederick Osborn，以下简称"小奥斯本"）是普林斯顿大学的校友和校董，也是米尔班克纪念基金的董事。他积极游说，四处筹资。1936年，米尔班克纪念基金资助普林斯顿大学设立了人口研究所。从学术史的角度看，这是世界上第一个人口研究机构。经济学家弗兰克·诺特斯坦（Frank Notestein，1902～1983）是小奥斯本的好友，他应其邀担任人口所的所长，也成为现代人口学的创立者。

1948年，人口学者威廉·福格特（Willian Vogt）出版的《生存之路》（*Road to Survival*）、亨利·奥斯本出版的《我们被掠夺的星球》（*Our Plundered Planet*）推动了战后马尔萨斯主义的复兴。他们的思想重新赢得了年轻人的支持，也鼓舞了保罗·埃利希等后来的学者。埃利希在1968年出版《人口爆炸》，成为新一代马尔萨斯主义的领军人物。正是在这几位的强力鼓吹下，环境、资源成为控制人口的新的重要借口。

小奥斯本一直很关注中国，因为这是世界上最另人瞩目的人口大国。他在文章里多次提到，学界应该关注中国人口过多的问题。在1948年的一次研讨会上，他认为人口过多的危害性要超过核武器。所以，他呼吁应当制定国际性的政策，用以限制全球人口增长。1953年，小奥斯本出版了《地球的极限》，1972年他又出版了《增长的极限》，两本书的思想一以贯之，即强调一定要设法控制人口。他在书里提出了"发展是最好的避孕药”的口号，这在今天仍是很有影响的人口学观点。

1968年世界人权会议通过了《德黑兰宣言》，其中声明“父母享有自由负责地决定子女人数及其出生间隔的基本人权”，这也是国际上对于生育权的重要认定。1974年，布加勒斯特召开首次世界人口与发展大会并通过了《世界人口行动计划》，其中对生育权作了更明确的定义：“所有夫妇和个人都有自由和负责任地决定生育孩子数量和生育间隔并为此而获得信息、教育和手段的基本权利；夫妇和个人在行使这种权利时有责任考虑他们现有子女和将来子女的需要以及他们对社会的责任。”这次里程碑式的会议承认生育目标的多样性，因此不建议各国任何规范性的家庭人数标准，指出“当低生育率业已成为事实或成为政策目标时，设法确保家庭人数仍有变动的可能”[①]。

所以我们可以看到，人口控制思想往往与优生学联系在一起，往往与一些极端的、妨碍基本人权的主张相联系。所以，未能清晰阐明实施方式的人口控制思想往往遭到严厉的批评。

而近半个世纪以来，经济学家早已发现，政府如果希望控制人口，不一定非要通过直接的人口控制手段，还有大量政策性手段可以使用。例如，母亲教育是影响生育率的最重要变量。根据1970年的世界生育调查，在拉丁美洲与亚洲国家，没有接受过教育的女性与受教育年限达到7年以上的女性，生育率水平相差3.1～3.6，即高教育女性比低教育女性少生3个孩子以上。[②] 女性教育程度对生育的影响体现在三个方面。

首先是“毕业时间延迟”效应。如果一名女性选择在22岁生育第一个孩子，那么晚一年毕业将使她的初育年龄推迟1.5个月。“晚一年毕业”对生育的推迟效应持续到25岁，也就是说，如果一名女性在26岁还没有生第一个孩子，那么晚一年毕业就不会影响她的初育年龄。

其次是“质量—数量”效应。当女性教育水平提高时，高教育女性将更重视投资子女的人力资本，以使自己的子女能够在未来获得更高的相对收入，因此将在给定的预算下，减少生育数量，而增加每一位子女的教育

① 以上几份国际宣言都转引自穆光宗：《生育政策改革的方向》，载于《中国发展观察》2015年第8期，第33～37页。

② 陈剑：《中国生育革命纪实》，社会科学文献出版社2015年版，第21页。

投资。

最后也是最重要的是“机会成本”效应。每增加一年教育年限，女性的工资水平将上升8%～10%。工资水平越高，女性生育时所放弃的收入也就越多，即孩子的“机会成本”更大。因此，受过高等教育水平的女性往往会因为生育的代价太大而减少生育。“机会成本”这一概念现在被越来越多的年轻人接受，大量城市年轻人因为生育的代价太大而选择放弃生育就是一个例证。

人口数量或者出生率受到很多因素的影响。在这极为复杂的背景下，不管是测量、评估中国人的生育意愿，还是认识和思考中国的人口总数和人口结构，都不是一件容易的事情。事实上，20世纪50年代马寅初发表《新人口论》，提出控制人口的思想时，就被激烈地批评为“新马尔萨斯主义”。中国学者对于马尔萨斯主义、人口总量与经济关系、人口总量与人口结构关系等问题的认识，都经历了一个漫长的、不断修正的学习过程。

第三节　研究思路与体系框架

人口是社会经济发展中最重要的因素之一。人口变动受到很多因素的影响，又有其内在规律。除非遇到严重灾难或战争，人口不可能在短期内显著减少。但是在一定的经济环境和人口政策制约下，几十年的积累，也可能使人口水平发生显著的变化。一旦人口数量和结构出现某种趋势性的变动，在短期之内将无法控制和改变。

而且，人口变动还存在着一种周期性的滞后效应，即当某一个阶段出现人口生育高峰以后，这个高峰在随后几年消失了。但是过了二十多年后，随着新一轮的生育周期到来，上一轮生育高峰所导致的较多人口还会引发新一轮的人口生育高峰。新一轮的生育高峰与上一轮高峰直接相关，不过受到各种其他因素的影响，可能波动程度有所减弱。总体而言，生育高峰的影响是长期的，它可能需要经过好几轮生育周期才能逐渐平息。

新中国成立70年来，人口规模发生了极大的变化。与之直接相关，人口学者的认识看法以及相应的人口政策也都发生了极大的变化。人口状况、人口观点、人口政策，这三者相互联系，不可分割。本书主要关注人口观点和人口政策，同时也关注对于人口状况的测算和评估，希望将这三者有机地联系起来，共同进行分析。而中国的人口总量与总和生育率是所有人口思想、人口政策的前提。中国学者正是在这些基本问题上花费了很多年的研究时间，至今仍在某些问题上没有完全达成一致的看法，可见人口问题研究的困难性。

社会可持续发展的前提是人口本身必须持续发展。要保证人口相对于上一代不增加也不减少（世代更替），就需要计算总和生育率（育龄妇女人均生育孩子数）。目前发达国家由于医疗水平比较高，妇女只要平均生育 2.1 个孩子，就可以保证世代更替，而大多数发展中国家医疗水平还不够，需要妇女平均生育 2.5 到 3.3 个孩子，才能保证世代更替。

考虑到非正常死亡率和出生人口性别比都比发达国家要高，中国的总和生育率需要在 2.3 以上。如果考虑到不孕不育症、单身、丁克等人群，一个正常的社会应当是主流家庭生育三个孩子，部分家庭生育一两个孩子，部分家庭还生育四五个孩子。只有这样，平均下来才能达到 2.3 的总和生育率。

社会越发达，总和生育率（TFR，妇女生育孩子数）越低，这似乎是一个社会自然规律。人类发展指数（HDI）是联合国反映社会发展水平的综合指标，可以用来替代 GDP，更准确地描述一个国家的生活水平。易富贤在《大国空巢》一书中，就比较了联合国开发计划署 2005 年公布的人口超过 500 万的国家和地区的 HDI（2003 年）与 TFR（2000～2005 年）的关系。他研究发现，二者之间高度存在负相关关系，相关系数高达 -0.916。例如，欧洲国家的 HDI 在 0.9 以上，但平均总和生育率不到 1.5；布隆迪、尼日尔、塞拉利昂等非洲国家的 HDI 在 0.3 左右，平均总和生育率在 7.0 左右。[①] 两者的关系一目了然。所以有一句名言——“发展是最好的避孕药”，发展本身就能极大地降低生育率，在这项研究中正好得到了充分的证实。

---

① 易富贤、李子路：《大国空巢：反思中国计划生育政策》，中国发展出版社 2013 年版。

但是一个国家的总和生育率受到很多因素的影响，其中既有这个国家或者地区的经济发展水平的影响，又有众多社会因素的影响（例如孩子的教育、老人的医疗和养老、这个地区的平均房价等），甚至在一些地区还可能受到传统文化或者宗教因素的影响。所以对一个国家某一时期的总和生育率的研究，是其他众多人口学问题的基础，却也是最为困难的一个问题。例如翟振武就认为，今天对于中国人口总和生育率的估计仍然偏低，从而低估了“放开二孩”政策所产生的效果①。

所以研究新中国的人口思想，一方面要将其置于历史背景、时代背景中，历史地观察和思考新中国几代人口学者对于这个问题的深入探索；另一方面，在研究中要注意几代学者对于当时中国人口的实证研究，从而认识他们人口思想和人口政策建议背后的事实基础。

本书主要以历史作为研究脉络，总共分为八章。其中第一章是导言，第二章是中国人口分期的逻辑论证，最后一章是总结，中间五章对应新中国人口历史的六个不同阶段。第三章主要讨论 1949～1969 年的人口思想，这个阶段主要涉及新中国成立后对人口问题的总体看法以及对以马寅初《新人口论》为代表的人口控制思想的讨论；第四章主要讨论 1969～1979 年的人口思想，主要涉及人口总量的增长以及对于人口总量的反思；第五章讨论 1979～2000 年的人口思想，主要讨论计划生育出台的背景以及其实施情况；第六章讨论 2000～2013 年的人口思想，主要讨论对于计划生育的反思以及关于修正计划生育政策的争议；第七章讨论 2013～2019 年的人口思想，持续 30 多年的计划生育政策已被修正，二孩逐渐放开，人口学界开始讨论放开二孩后对人口总量和人口结构的影响，并对过去三十多年计划生育政策进行总结和反思。

本书研究过程中，在不同时间段有不同的侧重点。在研究 20 世纪五六十年代人口思想时，因为当时人口政策比较敏感，因此我们把研究的注意力放在重要人物、重要事件以及重要媒体发布的文章上；在探讨 80 年代初人口思想时，因为计划生育是当时最核心、最重大的人口政策，所以

① 翟振武、陈佳鞠和李龙：《现阶段中国的总和生育率究竟是多少?》，载于《人口研究》2015 年第 6 期，第 22～34 页。

研究必须围绕这个核心政策展开；而在探讨2000年以后的人口政策时，我们注意到随着学术发展，有许多专家通过在《人口研究》《人口与发展》等重要学术期刊上发表论文，探讨对于人口问题的最新研究，希望借此对人口政策产生影响。因此，我们将以一些代表性学者在这些重要期刊上的论文作为核心线索，展开论述和分析。

以上就是本书最主要的研究思路与体系框架。

第二章

新中国人口思想的分期逻辑

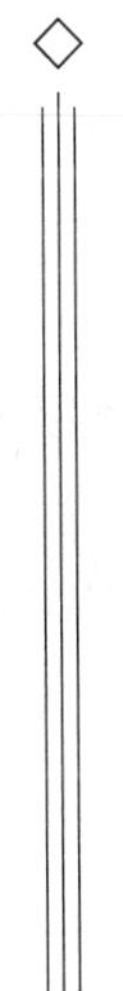

第一节　人口增长的阶段性特点

根据葛剑雄主编《中国人口史》第四、第五卷的归纳，明万历末年，中国人口达到顶峰，约1.9亿人。在崇祯年间，由于北方旱灾和鼠疫爆发，导致大量人口死亡，在李自成、张献忠等部农民起义后，平民遭受大量屠戮，政府军也劣迹斑斑，斩杀平民以邀功，张献忠因此成为四川的“杀人魔王”。在清兵入关前，由于上述原因导致的北方人口（包括四川）非正常死亡共4000万人，使得整个中国的人口大幅度减少。

清兵入关后，北方抵抗较少，人口损失可忽略不计。但是清兵在南方一些大中城市遭遇激烈抵抗，屡次发生屠杀。南明军队和清军在一些省份的反复争夺，也曾导致大量人口死亡，加上康熙初年的迁海政策，将大量人口迁移，总共导致人口非正常死亡共700万人；康熙时期的三藩之乱导致1000多万人死亡。从清兵入关到三藩平定，大规模战乱结束，共损失人口约2000万。经此损失，中国人口一度下降到1.4亿多。但是，康熙年间休养生息，到了康熙中期，人口又逐渐回升到1.6亿。此后，中国人口就开始稳步增长，在乾隆中后期连续突破2亿和3亿大关。大约到了道光年间，中国人口就已达到了4亿左右。此后，中国人口又进入缓慢增长阶段。①

民国时期，中国有了比较清晰的人口统计结果。1931年，国民政府内政部公布1928年全国户口调查的结果，全国人口总数为4.75亿人，这不仅是中华民国政府第一次正式发布的全国人口总数，也是中国政府自1851年后首次正式发布的全国人口总数，此为“四万万同胞”一词的重要来源。但当时的那一次调查仅有13个省上报了人口数字，因此这只是一个估计数。

---

① 葛剑雄：《中国人口史（第四卷）明时期》，复旦大学出版社2000年版；葛剑雄：《中国人口史（第五卷）清时期》，复旦大学出版社2000年版。

1936 年，内政部对 1912 年全国人口普查结果进行了修正与补充，当时发布的人口总数为 4.20 亿。此次人口普查其实也并未完成，结果仍然是估计数。估算的结果比之前要少，但也超过了 4 亿人。所以在抗日战争时期，“四万万同胞”成为重要的宣传口号。抗日战争以及后来的内战时期，中国真实人口数量很难估计，但以 1950 年的数据倒推，当时的人口也已经达到 5 亿左右了。①

从人口史的观点看，清代的人口年平均增长率虽然只有 5‰，但一百年间人口可以增加 1.65 倍，两百年间可以增长 2.71 倍，增速惊人，后人称其为“人口激增”。1949 年后，人口年平均增长率长期维持在 2%。宏观地看这几百年间的人口变化，不仅是人口激增，更是真正的人口爆炸。

新中国成立时，中国的人口已经超过 5 亿。据估计，1950 年中国实际人口大约为 5.44 亿。1953 年，中华人民共和国进行了第一次全国人口普查，参加普查工作的人员总数多达 250 多万人。调查结果显示，1953 年 6 月 30 日，中国除台湾地区以外的总人口达到了 6 亿。

此后，中国人口进一步快速增长。到了 1960 年，中国总人口达到 6.44 亿；1970 年，中国总人口达到 8.09 亿；到了 1980 年，中国总人口更是前所未有地达到了 9.78 亿，接近 10 亿水平。这个数据非常惊人，也引起学界和有关部门的高度重视。

新中国的生育率转变过程，可以用两次生育率的巨大转变来描绘。在改革开放之前，中国生育率在 20 世纪 60～70 年代发生了第一次转变；而改革开放以来，尤其是 90 年代以来，生育率发生了第二次转变。对于第一次转变，有人曾这样描述，除了饥荒、瘟疫和战争期间外，恐怕在人类历史上还没有出现过像中国如此迅速的生育率下降。因为自新中国成立以来，一直没有对生育做过限制，到 1970 年中国的总和生育率已经高达 5.8。但是至 70 年代初出现了转折。一方面，中国政府开始施行“晚、稀、少”政策，不再特别鼓励生育；另一方面，育龄人群更是自觉主动地减少生育。在这两方面作用之下，仅仅过了 7 年时间，中国的生育率竟然

---

① 侯杨方：《民国时期全国人口统计数字的来源》，载于《历史研究》2000 年第 4 期，第 3～16 页。

下降了一半。到1977年，中国的总和生育率跌落到2.8，虽然仍高于自然更替率，但已相差无几。可以说1980年前后，中国的生育率已经比较接近自然更替水平了。第二次生育率转变发生在90年代。施行计划生育以后，中国的总和生育率确定无疑地进一步降低，总和生育率更是由80年代在更替水平以上的波动，直接下降到更替水平以下，并且持续走低，最终导致人口危机。

中国过去对于生育率的实证研究非常匮乏，全面的人口普查也做得很不够。尤其需要指出的是，在很长一段时间里，对中国生育率的研究都集中在对第一次转变的研究。1982年人口普查和千分之一生育率调查、1988年生育节育调查、1990年人口普查为研究中国的生育率转变提供了详细、准确的数据。这些数据都指向生育率迅速降低这个结论。人口学家利用各种方法和模型，对中国总和生育率的降低模式进行了细致全面地考察，分析了生育率转变的决定因素，为计划生育政策提供了有力的支持。这些人口数据可以证明，1980年的计划生育政策达到了预期的效果。

但是到了20世纪90年代，计划生育政策仍然在有力执行。此时中国人口状况已经发生重大变化，而人口调查数据的调查水平却没有进一步提高，有关部门甚至放松了对人口总量和人口结构的进一步关注。计划生育作为基本国策已经深入人心，很多人默认计划生育所面临的人口背景将长期存在，计划生育政策也将长期执行下去，不需要进一步研究。

随着各种人口调查数据质量的下降，中国学者对于20世纪80年代至90年代中国出生率下降的趋势缺乏深入的研究。中国第二次生育率转变的具体过程也缺少了准确数据的支持。虽然2000年以及后来的全国人口普查，可以一定程度上弥补过去研究的不足，但还是有很多重要的人口信息在事后很难再采集。90年代末期，已有一部分学者强调中国生育率已大大低于更替水平，可就是由于缺乏有效的调查和实证研究，对当时生育率有多低无法达成一致意见。现在回顾中国对于第二次生育率转变的研究，主要就集中在对当时真实生育水平的估计，较少有进一步的思想。

到了2000年以后，随着2000年第五次全国人口普查数据的公布，很多学者突然发现中国生育率水平显著低于预期水平，甚至已经出现某种意义上的人口危机。这样的观察和推算，在2010年第六次人口普查后得到了证实。所以在众多学者的协力呼吁下，2013 年末，中国放开了单独二孩生育，进而在 2015 年全面放开二孩生育。

在放开二孩生育后，中国的生育率发生了不少变化，总和生育率的下降趋势有所减缓。当然，不同学者对于这个政策的评价不尽相同。梁建章等学者认为，放开二孩政策已经太晚，而且所起到的效果严重低于预期，现在应该全面放开生育，或者采取更为激进的鼓励生育、刺激生育的人口政策。而翟振武等另一些学者认为，放开二孩政策已经取得良好效果，我们不应过度低估总和生育率，而是要确保人口政策的稳定性和一致性。所有这些问题，直至今日仍在广泛争议之中。

本书主要分成五个阶段。第一阶段讨论涉及新中国成立后对人口问题的总体看法以及对以马寅初《新人口论》为代表的人口控制思想的讨论；第二阶段讨论人口总量的增长以及对于人口总量的反思；第三阶段讨论计划生育出台的背景以及其实施情况；第四阶段讨论对于计划生育的反思以及关于修正计划生育政策的争议；第五阶段讨论放开二孩后对人口总量和人口结构的影响，并对过去 30 多年计划生育政策进行总结和反思。

至于划分这五个阶段的内在分期逻辑，我们将在下一节中详细论述。

第二节　人口思想的分期逻辑

本书总共分为五个时期，分别为 1949～1969 年，1969～1979 年，1979～2000 年，2000～2013 年，2013～2019 年。每一个阶段，中国都处于不同的人口水平和经济水平，也面临完全不同的人口问题，人口学者在各个阶段的研究和思考自然也完全不同。下面我们先对这五个阶段，分别做一些探索性分析。

第一阶段是 1949～1969 年。在这个阶段，新中国刚刚成立，经济和社会都在恢复之中。总体而言，中国的经济水平还比较低，人民的生活还比较困难，在经济探索过程中，也遭遇了一系列挑战和挫折。中国人对人口总量和人口结构问题一直比较关注，但所有人口思想必须结合当时经济发展的逻辑，置于历史背景下加以思考。

马寅初的《新人口论》，代表一种人口控制思想，也是当时主流的人口思想。然而在当时的环境之下，马寅初的思想遭到严厉的批判，进而演变成为全社会批判。人口控制思想从主流迅速变成异端，而鼓励生育、追求更多人口则被不断宣传进而成为全社会的主流认识。

第二阶段是1969～1979年。在这个阶段，虽然在政策上也仍然鼓励生育，但已有很多人开始思考计划生育问题。1973年，国务院成立了计划生育领导小组。在计划生育宣传教育上，提出了“晚、稀、少”的口号。当时对于中国实际人口数量的掌握非常不足，人口学家并不能清楚地估计中国有多少人口。所以虽然已有控制人口、计划生育的初步设想，但尚无法全面挑战追求人口的基本人口政策。

第三阶段是1979～2000年。到了这个阶段，一些科技工作者和人口学家利用科学模型推算，中国人口如果不加以抑制，在未来很快会达到一个惊人的水平。于是，1980年公布了一封鼓励计划生育的《公开信》，计划生育政策作为一项基本国策在全国范围内铺开。这项政策在推动过程中遭遇很多阻力，但有关部门的决心从未动摇。

在整个20世纪80年代和90年代，绝大多数人口学者都支持计划生育。中国在1983年和1990年分别进行了两次全国范围内的人口普查。调查结果表明，中国人口水平确实已经达到了很高水平。在很多人口学者看来，这再一次证明了计划生育政策的必要性。但是，也有极少数学者如梁中堂等一直反对严格的计划生育政策。他们认为，完全不必采用如此严格的计划生育政策，只要规定“晚婚晚育、延长间隔”，就足以起到控制人口增速的效果。不过，梁中堂等人的观点一直没有成为主流观点，也未引起政策制定者足够的重视。

第四阶段是2000～2013年。2000年，中国第五次人口普查结果公布，在学界引起较大的反响。很多学者发现，中国的总和出生率低于预期，如此发展下去会潜在地影响中国的人口结构和经济发展。然而对这些数据的统计，不同学者仍抱有不同看法。计划生育政策已经执行20年，中国经济取得了巨大的进步，是否要改变现有的计划生育政策，放开二孩，成为当时学者不断争论的话题。在这个阶段，中国很多地方开放了“双独二孩”，即双方都是独生子女的话，允许生育二孩。但双独子女数量并不多，所以这个政策所产生的影响也较为有限。

到了2010年，中国第六次人口普查数据结果公布，进一步证实了一部分学者的猜测，即中国的总和生育率偏低，人口结构存在巨大的危险。保守的“双独二孩”政策并不足以挽救不断降低的总和生育率。所以，越来越多的学者开始支持放开二孩的人口政策。甚至有一些学者，不断撰写著作，在各种媒体上抨击现有的政策，呼吁放开二孩。这种不懈的呼声，到了2013年底终于产生了作用。

接下来是第五阶段，即2013～2019年。2013年末，有关部门在众多学者持续不懈的呼吁下，终于改变了推行30多年的计划生育政策，放开“单独二孩”。众多人口学者在肯定这项举措的同时，呼吁进一步放开二孩生育。2015年末，有关部门终于决定，全面放开二孩，彻底改变计划生育措施。

全面放开二孩以后，就需要来检验这项政策所起到的效果。在短期内检验政策效果非常困难，在尚未进行新一轮全国人口普查的情况下，每个学者只能利用一些方法对人口变动加以估算。有些学者如翟振武认为，全面放开二孩政策已经起到很好的效果，有效地延缓总和生育率的快速下降。而另一些学者如梁建章认为，全面放开二孩政策施行的太晚，也没有取得良好的结果，中国仍将面临严峻的人口危机，需要采取更为激进的政策来促进人口的增长。直至今天，这个辩论仍没有形成一致的结论，还需要更多的实证研究以及全国性的人口普查提供更详实的人口数据。

以上就是我们对于新中国成立70年人口思想的主要分期。这种分期，考虑到在不同时期，中国人口政策和人口思想都有不同的侧重点。分期研究，应该突出重大的政策转变和思想转变。以下就进一步地分别从政策目的、研究方法和讨论媒介这几个方面论述人口思想的分期逻辑。

从政策目的来看，新中国在成立伊始，主要是鼓励人口增长。人口是经济发展的重要构成要素，新中国百废待兴，追求经济恢复和经济增长，人口必然是其中重要的考量内容。人口也会对经济发展造成一定的阻力，但是相比之下，追求人口发展的动力远远超过对于人口过多的担忧。马寅初《新人口论》也正是在这个背景之下遭到严厉的批判。

但是到了20世纪70年代末，中国人口已经增长到接近10亿的水平，增幅之快出乎很多学者的意料。而且根据科学家与人口学家的共同研究，如果不对人口加以控制，人口很快将增加到中国无法维持的地步。所以，中共中央随即在《人民日报》上发表《公开信》，开始全面推行计划生育。1979～1980年无疑是中国人口史上的重大转折。

1980年之后，中国强有力地推行计划生育政策，这一政策施行长达30多年。在20世纪80和90年代，计划生育政策在学界并没有遇到多大的挑战，可以说大多数人口学者都支持这项政策。可到了2000年以后，一些人口学者基于不断更新的人口数据和经济数据，发现中国的总和生育率偏低，因此开始呼吁放开二孩，改变计划生育政策。但这些观点主要在学界流传，有关部门并没有因此对计划生育作出什么调整。

到了2010年以后，随着新一轮人口普查数据公布，学界对开放二孩的呼声日趋强烈。有关部门终于意识到这背后巨大的人口危机，所以在2013年末放开单独二孩，进而在2015年末全面放开二孩。2013年，在中国严格执行了30多年的计划生育政策终于出现缺口，开始转变，这无疑也是人口思想研究的一个重要转折点。

所以，在新中国成立70年的人口思想研究中，1979～1980年推出计划生育政策是一个至关重要的转折点。这个转折点把70年分成了前30年和后40年。在前30年里，并不存在严格的计划生育政策，总体的人口政策也以推动人口增长的政策为主。而后40年里，前面30多年时间都在严格执行计划生育政策，有效地降低了中国的总和生育率，直到2013年才终于有所松动。

2013年之后，严格的计划生育政策发生变动，众多人口学者对执行30多年的计划生育政策开始反思，并进一步研究中国实际面临的人口挑战。这方面的研究才刚刚开始，直至今天仍是人口学最核心的内容。

因此，本书综合考虑了人口数据、人口政策和人口思想，选择了1969年、1979年、2013年这几个时间段，把新中国成立70年的人口史划分为五个阶段。接下来，本书将采用五个章节，分别来讨论这五个历史阶段。

第三章

人口控制的争议：1949~1969年

第一节　新中国人口思想

从20世纪初开始，中国就有人宣传人口知识，提倡节制生育。著名的思想家和改良派代表人物梁启超在1902年撰写了一篇名为《禁早婚议》的文章，从理论上阐释了早婚的危害。梁启超明确地表达出控制人口的想法，与中国“多子多福”的传统观念相悖，引发学界热烈的争议。①

孙中山在《三民主义——民族主义第一讲》中则直接批评了马尔萨斯的观点：“百年前有一个英国学者，叫作马尔萨斯，他因为担忧世界上的人口太多，供给的物产有限，主张减少人口。曾创立一种学说，谓：‘人口增加是几何级数，物产增加是数学级数。’法国人因为讲究快乐，合他们的心理，便极欢迎马氏的学说，主张男子不负家累，女子不要生育。他们所用减少人口的方法，不但是用这种种自然方法，并且用许多人为的方法。法国在百年以前的人口比各国都要多，因为马尔萨斯的学说宣传到法国之后很受人欢迎，人民都实行减少人口。所以直到今日，受人少的痛苦，都是因为中了马尔萨斯学说的毒。中国现在的新青年，也有被马尔萨斯学说所染，主张减少人口的。殊不知法国已知道了减少人口的痛苦，现在施行新政策，是提倡增加人口，保存民族，希望法国的民族和世界上的民族永久并存。”② 孙中山确实非常熟悉马尔萨斯的观点，他对马尔萨斯的这番通俗阐释造成了很大的影响，也让中国民众普遍地了解马尔萨斯及其基本的人口思想。

20世纪30～40年代，学术界对人口的关注程度持续提高，众多学科的学者都对人口问题表现出浓厚的兴趣。例如以李景汉、潘光旦、孙本文、费孝通等为代表的社会学派，以陈达、陈长蘅为代表的人口学派，以马寅初、吴景超为代表的经济学派，各自以不同的方法开展人口研究。

---

① 梁启超：《禁早婚议》，引自《饮冰室合集》文集七，中华书局2007年版。

② 孙中山：《三民主义·民主主义第一讲》，引自《孙中山全集》第九卷，中华书局1986年版，第369页。

新中国成立伊始，毛泽东认为中国连年经历动荡，恢复经济需要人口的支撑。所以，其在 1949 年 9 月发表的《唯心历史观的破产》中严厉驳斥艾奇逊："中国人口众多是一件极大的好事，再增加多少倍人口也完全有办法，这办法就是生产。西方资产阶级经济学家如像马尔萨斯者流所谓食物增加赶不上人口增加的一套谬论，不但被马克思主义者早已从理论上驳斥得干干净净，而且已被革命后的苏联和中国解放区的事实所完全驳倒…世间一切事物中，人是第一个可贵的。在共产党领导下，只要有了人，什么人间奇迹也可以造出来。我们是艾奇逊反革命理论的驳斥者，我们相信革命能改变一切，一个人口众多、物产丰富、生活优裕、文化昌盛的新中国，不要很久就可以到来，一切悲观论调是完全没有根据的。"①

但是毛泽东对人口的表态，是一种特殊环境下的表态。总体而言，中央政府同时也开始研究人口政策，考虑节育问题。1950 年 4 月，新中国颁布《婚姻法》，这是新中国的第一部法律，对中国人的婚姻权利、生育权利从法律上进行了规范。② 1953 年 8 月，政务院批准了卫生部关于《避孕及人工流产法》。③

1955 年 2 月，卫生部党组向党中央提交了关于节制生育的报告，报告中提出："根据党中央指示的精神，我们认为在中国今天的历史条件下，是应当适当地节制生育的；在将来，也不应当反对人民群众自愿节育的行为。"④ 卫生部的这份报告，赞成适当节制生育，在当时有这样的认识，很不容易。可惜在当时的环境下，这种观点并没有广泛流传，也没有形成广泛的社会认同。

1953 年，中国大陆进行了历史上第一次人口普查。结果表明，截止到 1953 年 6 月 30 日中国人口总计 601938035 人，估计每年要增加 1200 万人到 1300 万人，增殖率为 20‰。这也是中国第一次清楚全面地掌握人口信息。当然这个数据仍存在一定的误差，可它大致表明了中国的人口家底。

---

① 《毛泽东选集》第 4 卷，人民出版社 1991 年版，第 1516 页。

② 彭珮云主编：《中国计划生育全书》，中国人口出版社 1997 年版，第 37 页。

③ 彭珮云主编：《中国计划生育全书》，中国人口出版社 1997 年版，第 59 页。

④ 卫生部：《关于节制生育问题向党中央的报告》，引自《建国以来重要文献选编》第六册，中央文献出版社 1993 年版，第 58 页。

6 亿人口的规模，比很多人口学者所估计的数量要高很多。所以，有关部门开始倾向于采取一定的手段，推广节育，减少人口的过快增长。

1955 年 3 月，中共中央发出了《关于控制人口问题的指示》。1956 年《全国农业发展纲要（草案）》中提出："除了少数民族的地区以外，在一切人口稠密的地方，宣传和推广节制生育，提倡有计划地生育子女。"① 在 1956 年 9 月 27 日发布的《关于发展国民经济的第二个五年计划的建议》中指出："为了保护妇女和儿童，很好地教养后代，以利民族的健康和繁荣，我们赞成在生育方面加以适当的节制。"② 所有这些文件都释放出一个明确信号，中共中央支持有条件地节制生育，而且正在研究通过节育等手段来实现控制人口总量的目标。

1956 年，党和政府关于节制生育的立场和主张已经非常明朗。特别是在党的第八次全国代表大会上，周恩来的报告中两次讲到"提倡节制生育"，第一次向全体社会传递党中央和中央政府对待节制生育的支持态度，这个信号非常明确。与此同时，全国各大报刊也都开始进行有关节育的宣传。在当时的计划经济体制下，国家甚至还把生产避孕药械列入了生产计划，每年拿 1000 万元、用 1000 吨橡胶生产避孕套，免费向群众提供。在辽宁省、黑龙江省等地还成立了节育工作领导小组。据统计，1956 年，北京市医疗卫生部门设置的避孕药具销售点达到 648 处。1956 年 10 月，青海省西宁市举办两次节育、避孕知识展览，参展人数高达 27500 人次，这些新闻都在媒体上得到了广泛报道。

毛泽东在 1957 年 2 月 27 日最高国务会议第十一次（扩大）会议上作了一场题为"正确处理人民内部矛盾"的讲话。毛泽东表示："我们这个国家有这么多的人，这一点是世界各国都没有的。它有这么多的人，六亿人口！这里头要提倡节育，少生一点就好了。要有计划地生产。我看人类自己最不会管理自己。对于工厂的生产，生产布匹，生产桌椅板凳，生产钢铁，他有计划。对于生产人类自己就是没有计划，就是无政府主义，无政府，无组织，无纪律。这个政府可能要设一个部门，设一个计划生育部

①② 彭珮云主编：《中国计划生育全书》，中国人口出版社 1997 年版，第 3 页。

好不好？或者设一个委员会吧。”①

中央一致认为要节制生育，学术界也对中央意见积极地作出响应。1957 年，社会学界很多学者都撰写了重要论文，发表在重要的学术期刊上。例如，吴景超撰写了《中国人口新论》，发表在《新建设》杂志的 1957 年 3 月号；费孝通撰写了《人口问题搞些什么》，发表在《新建设》杂志 1957 年 4 月号；陈达则撰写了《节育、晚婚和新中国人口问题》，发表在《新建设》杂志 1957 年 5 月号。这些知名的社会学家达成了共识，支持国家计划采用的控制人口的政策，通过节育等手段降低生育率，最终达到控制人口总量的目的。

但是到了 1958 年，毛泽东的观点发生了转变。1958 年 1 月 8 日，毛泽东在最高国务会议上发表讲话，反映出他此时此刻关于人口想法的转变。毛泽东在这次会上说：“人多好还是人少好？我说现在还是人多好。恐怕还要发展一点。”他又说，“现在人多一些，气势旺盛一些，要看到严重性。同时也不要那么害怕。我是不怕的，再多两亿人口，我看问题就解决了”②。

1958 年 1 月 30 日，毛泽东在中南海主持最高国务会议第 14 次会议时说：“现在的情况是全国人民都振奋起来了，我们要适应这种情况，我相信也能够适应这种情况。人是在环境中生活的，现在这个环境很有利于我们进步。”

1958 年 1 月 31 日，毛泽东又在《工作方法 60 条（草案）》的前言中表示，“我们现在看见了从来没有看见过的人民群众在生产战线上这样高涨的积极性和创造性。全国人民为在十五年或者更多一点时间内在钢铁及其他主要工业生产品方面赶上或者超过英国这个口号所鼓舞。一个新的生产高潮已经和正在形成”③。

所以，1958 年的经济形势发生了重要的变化。毛泽东希望经济快速发展，社会能以不同于以往的速度跳跃式地前进，而经济发展需要更多人力的支持。所以，毛泽东在这样的背景下转而支持鼓励生育、增加人口。在

---

① 国家人口和计划生育委员会编：《中国人口和计划生育史》，中国人口出版社 2007 年版。

② 彭珮云主编：《中国计划生育全书》，中国人口出版社 1997 年版，第 132 页。

③ 《毛泽东选集》第 4 卷，人民出版社 1991 年版，第 1438～1439 页。

他的指导下，中国的人口政策开始发生转向。

第二节 对马寅初和《新人口论》的批判

讨论新中国成立之后的人口思想，必然离不开马寅初和他的《新人口论》。马寅初是新中国成立之后很有影响力的经济学家和人口学家，他的名字与中国生育政策紧密联系在一起。不管是支持控制人口政策，还是反对控制人口政策，都会涉及马寅初。而对于马寅初本人的研究，也成为中国人口思想研究中长盛不衰的热门课题。

马寅初（1882～1982），又名马元善，浙江嵊县人，中国当代经济学家、教育学家、人口学家。马寅初早年曾留学哥伦比亚大学，是中国最早一批从欧美留学归来的经济学家。新中国成立后，马寅初曾历任中央财经委员会副主任、华东军政委员会副主任、重庆大学商学院院长兼教授、南京大学教授、北京大学校长等职务。但是1957年，他因发表“新人口论”方面的学说而被打成右派，党的十一届三中全会后得以平反。马寅初在逝世11年后，获首届中华人口奖“特别荣誉奖”。马寅初一生致力于学术研究，曾经撰写大量经济研究著作，对于中国的经济、教育、人口等诸多方面都有重大贡献，但以人口问题最为人所知，被誉为“中国人口学第一人”。

马寅初在民国时期主要研究经济和财政问题，并没有深入地研究人口问题，但是新中国成立以后，其在全国各地调查，逐渐对人口问题形成了自己的看法。1957年，全国都在热烈地争论中国是否应该控制人口。1957年2月，在最高国务会议第十一次会议上，马寅初就“控制人口”问题发表了自己的看法，创造性地把计划生育与计划经济联系起来，“我们的社会主义是计划经济，如果不把人口列入计划之内，不能控制人口，不能实行计划生育，那就不称其为计划经济”。马寅初的发言当即受到毛泽东的赞赏。他说，“人口是不是可以搞成有计划地生产，这是一种设想。这一条马老讲得很好，我跟他是同志，从前他的意见，百花齐放没有放出来，准备放，就是人家反对，就是不要他讲，今天算是畅所欲言了。此事人民有要求，城乡人民均有此要求，说没有要求是不对的"①。这表明在 1957 年 2 月，毛泽东与马寅初在计划生育、控制人口问题上的看法还是比较一致的。

1957 年 4 月 27 日，马寅初在北京大学发表人口问题的演讲，细致讲述了几年来在全国各地调查研究的结果。"解放后，各方面的条件都好起来，人口的增长比过去也加快了。近几年人口增长率已达到30‰，可能还要高，照这样发展下去，50 年后中国就是 26 亿人口，相当于现在世界总人口的总和。由于人多地少的矛盾，恐怕中国要侵略人家了。要和平共处，做到我不侵略人家，也不要人家侵略我，就非控制人口不可。"②

但这一次毛泽东见到马寅初时，批评马寅初说："不要再说这句话了。"马寅初意识到自己说错了话，公开做了自我批评。到了 6 月，马寅初还是坚持自己的看法，将总结完成的《新人口论》作为一项提案，提交一届人大四次会议。7 月 5 日，《人民日报》对《新人口论》做了全文发表。

在《新人口论》中，马寅初主要从七个方面，通过七条理由，全面分析了为何中国 1953～1957 年人口增殖率会超过现在所估计的数据。这七个方面具体如下：第一，结婚人数增加，会增加生育人口。主要是因为经济情况的改善促进家庭的组建，所以结婚人数增加。第二，政府对孕妇产妇婴儿的福利照顾，主要表现在产妇有休假、卫生事业的发展、托儿机构的普及，从而减少婴儿死亡率，增加人口。第三，政府赡养孤寡老人，老人死亡率降低，人均寿命延长，导致人口增加。第四，社会稳定，人民的非正常死亡事件减少，也会导致人均寿命延长，人口增加。第五，社会制度的改变使得和尚尼姑还俗增多，娼妓问题也得到解决，这些因素都有利于人口的增加。第六，"五世其昌""不孝有三，无后为大"等旧观念的作怪，使得人们希望多生孩子。这种观念仍然有很大的影响力。第七，政府鼓励生育，对一胎多婴的家庭有奖励和补助，会提高生育率。综合以上七点，马寅初认为，中国人口将要大幅度增长，以后四年的人口增殖率会

① 转引自李文：《陈云、马寅初与中国二十世纪五十年代的计划生育——兼谈毛泽东的人口观》，载于《中共党史研究》2009 年第 5 期，第 77～83 页。

② 马寅初：《新人口论》，广东经济出版社 1998 年版，第 89 页。

超过20‰。[①]

人口如此增长，是中国社会难以接受的。马寅初从工业原料、促进科学研究、粮食三个方面提出，在当下阶段，人口必须要得到控制。

首先，在工业原料方面，马寅初分析了轻工业与农业，轻工业与重工业，农业与重工业之间的关系并提出，要发展重工业就必须要发展更有效积累资金的轻工业，而轻工业的原料大部分来自农业；要发展重工业，就需要进口国外的成套设备和重要物资。而为了进口，必然要先出口。出口的话，主要产品为农业和轻工业物资，轻工业物资又大多要农业物资作为原料。综合以上的分析，农业必然是中国工业化的重要推动力量。

但若目前中国人口快速增殖，会对农业造成压力。假如对人口的增殖不加以控制，粮食必须增产；粮食增产，经济作物规模就会缩小；经济作物减少，轻工业就会受到直接影响，而重工业会受到间接影响。所以马寅初认为，只有控制人口，才能减少对农业以及轻工业的压力，最终有助于中国工业化的发展。

其次，在促进科学研究方面，马寅初阐述了他关于社会变化和科学进步之间关系的观点。马寅初认为这两者内部有着必然的联系，因为它们的共同基础是物质资料的生产。科学工作者追求科学真理的唯一途径，就是经历从实践提高到理论，再用理论来指导实践的循环过程。所以，我们在做科学研究时，不能把科学研究拆分成理论和应用两个部分，而必须要让科学和生产紧密结合起来，这就是科学研究的客观规律。

但是让生产和科学结合起来，必须先要提高劳动生产率，这样才能为科学研究奠定最基本的物质基础。离开这个物质基础，中国的科学研究很难真正取得发展。中国现有工业水平原本就比较弱，这就需要更多资金的积累。为了积累资金，中国必须要控制人口，从而将更多资金用于科学研究上。[②]

最后，在粮食与人口方面，马寅初谈到一个基本的现实，就是中国地少人多的现实。虽然中国疆域广阔，但是地形复杂，荒地众多，实际耕地

① 马寅初：《新人口论》，广东经济出版社1998年版，第3页。
② 马寅初：《新人口论》，广东经济出版社1998年版，第16～24页。

面积并不多，比一般人设想的要少很多。同时，中国现有的人口数量已经极为庞大。如果计算人均耕地面积的话，中国人均耕地连三亩都不到，非常非常低。而且，农业生产受自然灾害影响很大，要减少自然灾害所带来的危害就必须大兴水利工程。中国在兴办水利方面已经有丰富经验，而兴办水利工程一定需要科学技术的发展和资金的积累，但这两方面的发展都需要减少人口，把资金转移到这些方面。所以从粮食的角度而论，中国也必须控制人口。

基于以上三个方面的分析，马寅初认为新中国必须施行计划生育，对总人口进行控制。马寅初进而对新中国的人口政策提出了以下几点具体建议：

第一，新中国有必要在两次全国人口普查之间再进行一次抽样的人口普查，同时认真举办关于人口动态的统计并在此基础之上确定人口政策，并将人口增长的数字订入“五年计划”之内，用以提高计划的准确性。

第二，新中国必须加强节制生育的宣传，目的是改变群众的旧观念。在宣传取得一定成效之后，需要修改《婚姻法》，提倡晚婚晚育，若是力量不够，政府就得辅助以严厉的行政力量来控制人口。

第三，新中国必须实行计划生育政策。计划生育主要是通过宣传避孕来实现，切忌粗暴地人工流产。在马寅初看来，人工流产有四个缺点：一是杀生；二会伤害妇女健康；三会冲淡避孕的意义，使夫妇忽视避孕；四会增加医生的负担。所以，人工流产并不是很好的举措。而在生育政策的口径上，马寅初主张两胎政策，认为一对夫妇生两个孩子正好。①

在接下来的政治运动中，马寅初本人以及他的经济学理论遭到了批判，连带着他的《新人口论》也受到了影响。

这一系列政治事件，也导致中国人口政策出现了转向。1958 年 1 月，马寅初的《我的经济理论、哲学思想和政治立场》出版，《计划经济》《经济研究》等杂志都发表了批评性质文章。1958 年 5 月和 7 月，马寅初在《光明日报》上先后发表了《再谈我的平衡理论中的‘团团转’理论》和《再谈平衡论和团团转》两文，阐述了自己对于计划经济模式的系统性看法。但是《人民日报》《光明日报》等媒体在此后连续刊发批评马寅初

① 马寅初：《新人口论》，广东经济出版社 1998 年版，第 24～26 页。

的文章，连带批评了他的《新人口论》。

1959年，马寅初向《新建设》杂志寄去《重述我的请求》一文。马寅初表示，“这个挑战是很合理的，我当敬谨拜受。我虽年近八十，明知寡不敌众，自当单枪匹马，出来应战，直至战死为止，绝不向专以力压服、不以理说服的那种批判者们投降。因为我对我的理论有相当把握，不能不坚持，学术的尊严不能不维护，只能拒绝检讨”①。

马寅初的请求没有得到回应。1960年，马寅初辞去北大校长的职务，退居二线，也基本不再公开发表文章。

梁中堂考证认为，党和政府没有批判马寅初。纵览在当时发表的与马寅初有关的所有文章，除了北京大学的大字报和辩论会以外，公开发表的批判马寅初的文章主要就是民主党派和学术界的一些报刊。从中央到地方党委主办的机关报刊则基本上没有参与和介入批判活动。而且，毛泽东的人口观念在20世纪60年代以后发生了转变，也不继续批评马寅初了。

1960年，78岁的马寅初辞去北大校长职务以后，仍继续担任全国政协委员、全国人大常委会委员的职务，政治和生活待遇均未发生变化。1978年马寅初被安排任全国政协常委，并出现在全国政协大会的执行主席名单上。②

因此，梁中堂的考证认为，1958年以后对马寅初的批判本就不是围绕他的《新人口论》。1960年以后，马寅初退居二线，但并没有受到太大冲击，所以本人其实没有“反”可“平”。1979年，中共中央已经决定推行计划生育、施行独生子女政策。

第三节　20世纪60年代的人口思想

在1958年以后，“人口越多越好”“人多好办事”的思想又一次成为

① 马寅初：《新人口论》，广东经济出版社1998年版，第71页。
② 梁中堂：《马寅初事件始末》，载于《中共山西省委党校学报》2011年第5期。

中国人口思想的主流。20 世纪 60 年代初，中国社会民生遭遇严重问题，出生率显著降低。可 1962 年之后，中国出现了补偿性生育，特别是 1963 年成为补偿性生育的标志性年份。1963 年出生了 2950 万人口，这是中国有文字记载也是中国人口统计史上出生人口最多的年份。

1962 年 12 月，中共中央、国务院发出关于认真提倡计划生育的指示，这是中央文件第一次使用“计划生育”字样。文件提出，“在城市和人口稠密的农村提倡节制生育，适当控制人口自然增长率，使生育问题由毫无计划的状态逐步走向有计划的状态，这是社会主义建设中既定的政策”①。

这份文件还进一步阐释说，“认真地长期地实行这一政策，有利于保护妇女和儿童的健康，有利于教养后代，有利于男女职工在生产、工作、学习中充分发挥自己的力量”。从人口思想的角度看，这份指示非常重要。但是从社会影响来看，在当时的社会政治环境下，这份指示没有得到太多的重视。

1963 年 10 月，中共中央和国务院批转《第二次城市工作会议纪要》，要求中央和地方都要成立计划生育委员会，具体指导这方面的工作。这次中共中央和国务院提出在几个方面积极开展计划生育工作，其中包括加强群众运动；加强技术指导；积极组织避孕药具的科学研制和供应；有关部门适当修改不利于计划生育的规定；提倡晚婚等。在许多大中城市，计划生育工作初步开展起来，人口出生率和自然增长率都有所下降。②

1964 年 1 月，正是遵循上述要求，国家计划生育委员会成立，而且在全国 25 个省、区、市成立了省一级计划生育委员会。从事后推行计划生育的进程来看，计划生育组织机构的雏形早在 1964 年就已经形成了。

1965 年 2 月，国务院计划生育委员会在山东省文登县召开全国计划生育工作现场经验交流会，交流和推广该县开展计划生育群众性活动的经验。这次会议有很重要的意义。特别值得一提的是，1963 年，文登县提出计划生育要遵循“晚、稀、少”的要求。在这个要求下，计划生育成绩非常显著。这也是“晚、稀、少”政策第一次进入人们的视野。山东省文登

① 彭珮云主编：《中国计划生育全书》，中国人口出版社 1997 年版，第 5 页。
② 彭珮云主编：《中国计划生育全书》，中国人口出版社 1997 年版，第 6 页。

县也由此成为开展“晚、稀、少”最早的地区而载入计划生育史册。

也就是在1964年7月，中国进行了第二次全国人口普查，这是1953年第一次全国人口普查10年之后又一次重要的人口普查工作。第二次全国人口普查结果显示，显示全国总人口已经达到69458万人，比第一次全国人口普查要多了近1个亿。

人口基数的迅速增大，使得国家不得不进一步重视计划生育工作。当时，国务院研究认为，开展计划生育工作对有计划地进行经济建设、保障妇女儿童健康和适当安排群众生活，都具有重要意义，是一件有关国计民生的大事。过去对于中国人口政策有很多争议，受到很多其他因素的影响，一直没有达成共识。从此时起，国务院决定成立计划生育办公室，开始将计划生育工作纳入政府工作议程。

1965年，中共中央和国务院正式提出一系列控制人口增长的政策和措施，其中就包括提倡制造口服避孕药并免费发放，提高节育技术，卫生工作和计划生育工作相结合，加强计划生育工作的宣传教育和技术指导，计划生育与改善人民生活和合理安排劳动力一起抓，并提出人口增长目标。[①]

1965年，开国少将钱信忠开始担任卫生部部长，中国的人口政策又出现一些变动。1965年6月，在钱信忠的努力下，国务院批转了上海市的《关于计划生育工作的报告》。这份报告总结了上海市开展计划生育工作的经验。所谓的上海经验，就是领导要重视计划生育，把计划生育的宣传放在首位，坚持说服教育和群众自愿的原则，辅之以必要的奖励措施，使计划生育成为群众的自觉行动。[②] 上海经验取得了显著的效果，控制了生育率。这份报告也使得上海的计划生育由此成为全国标杆，对推动计划生育在中国全面推广和开展起到了重要作用。

所以总体来看，1958年以后对马寅初和他的《新人口论》的批评，在中国产生了很大的影响，也使得大众的观念从计划生育转变成为鼓励生育。但是1960年以后，中共中央和国务院仍然保持了清醒的头脑，仍然在研究施行计划生育政策的可行性。尤其是1964年的第二次全国人口普

① 彭珮云主编：《中国计划生育全书》，中国人口出版社1997年版，第61页。
② 彭珮云主编：《中国计划生育全书》，中国人口出版社1997年版，第6～8页。

查，揭示出中国人口在大基数的前提下快速增长，十年增加一个亿的现实，引起有关部门的高度重视。同时，山东文登也好，上海也好，都在一定程度上试点施行了计划生育政策，并取得了不错的成绩。

在这个时期，由于政治环境的原因，基本没有什么学者在学术期刊上继续讨论人口问题或者计划生育政策，但是有关部门一直在试点和推动计划生育的研究，对于过快增长的人口已有很多考虑。

根据 1953 年全国第一次人口普查数据推算，新中国成立时的全国人口实际是5.4 亿，已占当时全球人口的22%。到1954 年，中国人口突破6亿大关，其时中国已同所有欠发达国家一样，遵循人口转变规律进入了“人口转变增长”（transitional growth）时期，即死亡率迅速下降的同时，出生率却没有作出相应的反应，依然居高不下。出生率与死亡率的巨大反差，形成了人口转变过程中的高速自然增长。即使在新中国一成立就着手控制人口增长，由于死亡率下降、存活率提高造成的人口转变增长也是不能避免的，只是出生率下降早晚，人口自然增长的进程有所差别而已。

我们应当意识到，在 20 世纪 80 年代正式开展计划生育或者在 70 年代尝试推行计划生育之前，无论是新中国的国家领导人还是睿智的、有社会责任感的学者，都对中国要控制人口增长这个问题有所思考。

中国的人口政策，不仅关系到庞大人口的生存权和发展权，也关系到中国的未来前途。有关部门对这个问题有一定的认识，并没有盲目乐观，而是已经在一些地区陆续开展计划生育试点工作。只是由于错综复杂的历史原因，对于控制人口这个问题的认识还不够深刻，并时常遭遇阻力而出现反复。所以计划生育未能及时形成全面的政策，或者在全国范围内推广，贻误了一些宝贵的时机。

第四章

计划生育思想萌芽时期：1970~1979年

第一节　控制人口思想的萌芽

20世纪60年代，虽然主流意识形态仍然偏向于“人越多越好”，但中共中央和国务院已经在全国多处试点计划生育，并且认真地把计划生育纳入预备讨论的范畴。第二次全国人口普查表明，中国人口在十年内增加了一个亿，增速过快，可能会对经济社会造成多方面的不利影响，必须要采取一些相应的手段。60年代末期，新中国在政治上出现了很多混乱，所以试点的计划生育也终于没有形成全国性的政策。

1970年9月，卫生部军管会给各省区市革命委员会转发了一份《上海市革委会关于〈川沙县严桥公社开展计划生育工作的调查报告〉》。这份报告详细介绍了严桥公社如何推进计划生育工作在基层落实的经验。早在1965年，上海的计划生育经验就取得了良好效果，在全国范围内得到表彰。现在这次是继1965年推广上海经验之后，卫生部又一次在全国推广上海的经验，由此开始推动全国计划生育工作在基层的落实。中断了数年之久的计划生育政策试点又重新开始。

1971年7月8日，国务院国发布文件转发卫生部军管会、商业部、燃料化学工业部《关于做好计划生育工作的报告》。这份报告明确提出“在第四个五年计划期间，使人口自然增长率逐年降低，力争到1975年，一般城市降到10%左右，农村降到15%以下”，并把降低人口自然增长率明确列为工作目标。甚至为达到这一目标，国务院提出了具体要求，强调要加强宣传教育，设立办事机构，开展技术服务，加强避孕药具的研究、生产和供应，明确为开展计划生育的需要提供经费。这份报告中肯定了上海市、河北省乐亭县等地的计划生育工作。报告指出，“人类在生育上完全无政府主义是不行的，也要有计划生育”①。

1971年，中共中央和国务院正式提出了人口控制规划，也正式提出了

① 彭珮云主编：《中国计划生育全书》，中国人口出版社1997年版，第64页。

“一个不少，两个正好，三个多了”的口号，同年还举办了十三省市计划生育工作经验交流学习班总结典型经验。在十三省交流经验过程中，上海川沙县严桥公社的经验得到了广泛的关注。川沙经验具有简单、易行、操作性强的特点。川沙经验的主要内容是推广和管理以上环和结扎为主的基层的计划生育管理模式，这种模式很容易复制。各省都对川沙经验很感兴趣，表示要带回去试点推广。可以说，川沙经验对于推动整个 20 世纪 70 年代“晚、稀、少”人口政策顺利进行，打下了很好的基础。

1973 年 6 月 20 日，国家计委第一次将人口控制目标纳入国民经济统计指标系统。这一年，国家计划委员会在《关于国民经济计划问题的报告》中提出“争取 1975 年把城市人口净增率降到 10‰，农村人口净增率降到 15‰以下”。这是首次将人口增长目标纳入国民经济计划，也表明国家对于人口问题的态度。①

1973 年 8 月，国务院正式成立计划生育领导小组，任命国务院业务组成员华国锋担任领导小组组长，主持人口和计划生育工作。国务院要求各个地方也成立计划生育领导组织机构，加强对于计划生育工作的领导。同时，计划生育领导小组明确提出了“晚、稀、少”的概念。“晚、稀、少”过去只是一个试点性质的政策，但从 1973 年开始，终于有了明确的操作要求。

1974 年 12 月，中共中央转发《上海市〈关于上海开展计划生育和提倡晚婚工作的情况报告〉和河北省〈关于召开全省计划生育工作会议的报告〉》。这份报告介绍了上海计划生育工作的诸多经验。总结起来，上海计划生育的主要经验包括以下两条。

第一，必须建立和健全计划生育领导小组和办事机构。从公社到生产队，从街道到里弄，从工厂到车间、班组，在各个层面上都要做到工作有人抓、块块有人管，从组织上保证了计划生育工作的顺利开展。第二，生育节育的具体措施必须落实到人。各层级机构普遍建立生育规划检查落实制度。发动计划生育的骨干，挨家挨户地送避孕药具上门。根据调查，上

① 彭珮云主编：《中国计划生育全书》，中国人口出版社 1997 年版，第 65 页。

海全市已婚育龄夫妇中，节育率达到了83%。①

虽然当时计划生育小组在尝试推行“晚、稀、少”的政策，但总体不能强制，还是允许自由地生育。虽然计划生育小组在推行计划生育，但反对强制和野蛮地执行计划生育政策，仍希望以教育、劝导等方式为主。当时虽然主张计划生育，但在控制人口的具体方法上，小心翼翼，而不像那个年代对其他事情那样暴风骤雨。在1975年，虽然中央反对强制性地执行计划生育，但一些地方政府已经开始使用强制手段。

同时，避孕药具的研制也有重大进展。1972年，上海研制的两种新型的宫内节育器，临床试用中均取得满意的效果。1977年，国务院计划生育领导小组主持了对长效口服避孕药的国家鉴定，并在全国推广使用。1978年推广的1号口服避孕药避孕效果达到99.95%以上。此外，这一时期研制的速效避孕药、男性避孕药具，都取得了很好的效果。②

免费提供避孕药具是在全国城乡普遍推行计划生育的一项重要措施。从1974年起，国务院五部门就发出通知，在全国实行免费供应的避孕药具，并提出加强宣传教育，做好技术指导，把好质量关，合理调配和使用避孕药具等注意事项和具体措施。为保证避孕药具的供应，国务院相关部门对避孕药具的管理及生产提出了到1975年，全国避孕药具生产的品种达到23种，基本上满足育龄人群对避孕药具使用需求的要求。

1975年8月5日，国务院批转卫生部关于全国卫生工作会议的报告中提出，力争在“五五”期间，人口自然增长率农村降到10‰左右，城市降到6‰左右。应该说，计划生育政策试点在全国都顺利地推行了下去。当时国家推广上海严桥公社的一个重要经验，就是严桥公社如何通过贯彻和落实最高领导人的指示，用大批判开路，举办学习班，最终使得每一个个体都表示支持。当然，党和政府号召计划生育，也是为了家庭和育龄人群自身考虑，从而使得国家要求和家庭幸福相互结合，容易得到育龄人群的积极响应和广泛认可。这些经验都是很成功的。③

可以这样认为，到20世纪70年代中期，随着全国各地多处计划生育

① 彭珮云主编：《中国计划生育全书》，中国人口出版社1997年版，第11页。
② 彭珮云主编：《中国计划生育全书》，中国人口出版社1997年版，第1036页。
③ 陈剑：《中国生育革命纪实》，社会科学文献出版社2015年版，第18页。

试点取得成功，计划生育观念逐渐为人所知。同时，中共中央和国务院也认为，全面推行计划生育政策的条件已经成熟，可以大刀阔斧地推行下去了。

第二节　计划生育思想的正式酝酿

计划生育政策经历了很多年的酝酿和讨论。从现有资料和文献看，一方面是全国很多研究机构都在研究计划生育政策；另一方面，也有个别研究者在政策指定过程中起到关键性的作用。例如刘铮和宋健这两位学者就非常重要，他们的观点有可能对“一孩化”政策问世产生了直接的影响。

1973 年，北京经济学院成立了人口研究室，这是 20 世纪 70 年代最早成立的人口研究机构。1974 年，吉林大学、河北大学也相继成立了人口研究机构。1973 年，广东省汕头地区党校举办了全国第一个人口理论学习班，研究探讨人口理论。1977 年 12 月，国务院计划生育领导小组办公室在广东省汕头市召开了全国人口理论学习班，对马克思的“两种生产理论”和社会主义社会的人口规律进行了探讨。

1977 年 12 月，北京经济学院人口研究室出版了 70 年代以来第一部人口学专著《人口理论》，同时还公开发行了《人口研究》刊物。

1977 年，中国人民大学复校，北京经济学院人口研究室成建制地回归到中国人民大学，并在此基础上成立了人口理论研究所，刘铮担任所长。中国人民大学的人口理论研究所一直是中国人口研究的重镇，直到今天仍然如此。

在“一孩化”计划生育政策的形成过程中，刘铮等给国务院上报的控制人口增长的五点建议是启动“一孩化”的关键。1979 年 3 月 21 日，中国人民大学人口研究所的刘铮、邬沧萍、林富德给国务院提交研究报告。这份报告首先刊登在新华社的《内部参考》上。报告题目是“对控制中国人口增长的五点建议”。这五点建议全都明确地指向控制只生一胎的计划生育。这是 1979 年的观点，用今天的观点看，刘铮等学者提出的五点建议对于人口和经济社会关系的认识也是很准确的。

在20世纪70年代末期，著名的控制论专家宋健和其领衔的团队也开始转而研究中国人口问题。他们对人口问题的研究结论，包括他们在此期间陆续发表在《人民日报》《光明日报》等媒体上的文章，对全社会产生了重要影响。很多学者都认为，宋健及其领衔的团队，也对一胎化政策形成起到关键性作用。

1978年3月，第五届全国人民代表大会第一次会议通过的《中华人民共和国宪法》第五十三条规定“国家提倡和推行计划生育”，计划生育第一次以法律形式载入国家的根本大法——《宪法》中。计划生育成为基本国策，这也对以后数十年计划生育的推动产生了影响。

1978年10月，中央批转《关于国务院计划生育领导小组第一次会议的报告》对计划生育的要求提出了更细致的规定，“提倡一对夫妇生育子女数量最好一个，最多两个。生育间隔三年以上，各地根据人口规划的需要，对生的晚一点、稀一些，可根据实际情况具体安排”。这是在中央文件中，第一次出现对一对夫妇生育子女数量提出要求，出现提倡“最好一个，最多两个”字样。此时中文“提倡”的含义，语义还很清楚，即政府对群众生育数量是有要求，但这并不是硬性规定，只是倡导和建议。至于一对夫妇到底生一个孩子还是生两个孩子，仍是育龄人群可以自行选择的一种行为。①

1978年12月18日，党的第十一届三中全会在北京召开，拉开了中国改革开放的序幕，这也是中国以后各种经济政策、人口政策的大背景。

1979年6月，全国人大五届二次会议通过的《政府工作报告》第一次提出：“要制定出切实可行的办法，奖励只生育一个孩子的夫妇”。1979年7月6日，《人民日报》发表社论，明确提出“把工作的重点放在最好生一个上来”。这是一个标志，生育政策有所变动，开始向“一孩化”倾斜。计划生育政策不再只是倡导、建议，而是开始朝强制执行转变。

1979年10月15日，邓小平在会见英国客人时直接表示，“人口问题是一个重要问题。现在，我们正在把计划生育、降低人口增长率作为一个

① 彭珮云主编：《中国计划生育全书》，中国人口出版社1997年版，第12页。

战略任务。我们提倡一对夫妇生育一个孩子。凡是保证只生一个孩子的，我们给予物质奖励”。邓小平的表态，表明中共中央高层已经对这个问题达成了共识。

1980 年 2 月，《人民日报》正式发表题为《一定要有计划地控制人口增长》的社论。在这篇社论里，明确提出到 2000 年把人口控制在 12 亿以内，这是必须完成的战略任务，提倡一对夫妇只生育一个孩子，是保证实现这一任务的一项重要措施。这一切情况都表明，一胎化政策呼之欲出，而在一些地方则已经开始实施，不可能有所改变了。[①]

计划生育政策的推出，彻底改变了中国人口政策的方向，对后来 40 年的历史都产生了深远影响。

---

① 彭珮云主编：《中国计划生育全书》，中国人口出版社 1997 年版，第 273 页。

第五章

计划生育思想主导时期：1980~2000年

第一节　计划生育政策的实施过程

计划生育政策酝酿了很久，诸多人口学者和相关领域的专家都曾努力对其进行论证。这项政策，从它开始酝酿，到展开讨论，再到具体推出和落实，经历了非常曲折的过程。

1978 年 6 月 12 日，国际自动控制联合会第七届大会在芬兰的赫尔辛基举行，来自 45 个国家的学者出席了此次会议。这次会议十分隆重，甚至芬兰总统也出席了开幕式。中国自动化学会派出以杨嘉墀为首的代表团出席了大会。这原本只是一次科学会议，却没想到对中国的人口政策产生了影响。

中国的导弹与控制论专家宋健当时随杨嘉墀去芬兰参会，并顺访荷兰。就在荷兰，微分博弈理论专家奥尔斯德向宋健等客人介绍了人口控制理论，并给他们提供了不少用控制论和系统工程方法预测人口的资料，让宋健等大开眼界。宋健回国以后，就与李广元、于景元等人开始测算中国人口，展开人口学的研究工作。宋健自己曾表示，他是一个纯粹的理工科学者，对数理化自然非常感兴趣，但对社会科学并不是非常了解。所以他对于中国人口的理解，全都依赖于与社会科学工作者的合作。

1978 年 11 月，第一次全国人口理论科学讨论会在北京召开，宋健的学生李广元在会议上介绍了人口控制论。1979 年 12 月 7 ~ 13 日，全国第二次人口理论讨论会在成都召开，宋健等又一次在会上宣讲介绍人口控制论。国务院计划生育办公室官员也参加了这次会议。这次会议的结果出人意料，全体与会代表都在这次会议上被说服，必须采用计划生育。

1979 ~ 1980 年是中国人口政策的一个关键性节点。1980 年 3 月下旬至 5 月上旬，中央书记处委托中央办公厅连续召开了五次人口座谈会。根据田雪原的回忆，第一和第二次会议在中南海西楼会议室举行，规模很大，至少都是百人以上。参会人员来自不同的部门，其中包括国家计划委员会、卫生部、民政部、公安部、劳动总局、妇联等，甚至大都是部长级别的领导，还有一些自然科学家、社会科学家。会议由中办副主任冯文彬主持。在会上，冯文彬表示，中共中央准备深入研究人口问题，广泛征求大家对于人口政策的意见。在当时的会上，有人提出各种意见，并没有强求一致。

但是后面几次开会，意见逐渐开始统一，座谈会参与人员随着议题明确也慢慢地减少。第四次讨论会，人员减少到二十来人。这次会议带有总结性质，主要总结座谈会取得的共识，讨论可能遇到的问题和应对的政策措施。最后一次会议在中南海勤政殿举行，中央和国务院有关部委领导同志二十多人出席，讨论座谈会向中央书记处的报告稿，就是怎么实施和宣传计划生育。

座谈会努力争取民主，尽了最大努力，也希望尽可能保持严谨的科学分析。毫无疑问，座谈会的核心问题是提倡“一对夫妇只生育一个孩子”这个政策是否可行。这是一个前提性质的命题，没什么争论空间。

1980 年全国人口接近 10 亿，显著特点是人口基数大、年龄构成比较轻、增长势能较强。当时普遍的社会状况是住房困难，生活必需品供给紧张，买米买布还需要粮票、布票等。劳动就业也难，知识青年上山下乡绝非长久之计，每年国民收入中很大一部分被新增长人口消费掉了，学校、医院等公共事业的发展也跟不上。最终，“一定要少生”这个观点成为座谈会上的共识。

在座谈会之前，有关部门就已经开始不断推动计划生育的舆论宣传。1980 年 2 月 13 日，新华社公布了宋健、田雪原、于景元、李广元等人用“自然科学和社会科学相结合”的“人口控制论”方法研究出来的《中国人口百年预测报告》。如果按中国 1979 年的生育水平延续下去，2000 年中国人口要过 14 亿，2050 年中国人口将达 40 亿。即使今后平均每位妇女只生两个孩子，也要到 2050 年中国人口达到 15 亿后，才能停止增长。新华社这一预测结果发布后，引起人口学界和政界的很大震动。

《中国人口百年预测报告》的五种预测方案中，宋健等学者建议选用第三种严格控制一胎的方案，即总和生育率为 1.5，认为只有按照这一方案，20 世纪末的中国人口总量才能控制在 12 亿以内。以后的事实说明，这是一个很有影响力的建议方案，影响和左右了相当部分国人对人口和计划生育的认识。

宋健在《光明日报》上撰文说：“我们绝不应该保持前两年每个育龄妇女平均生 2.3 个孩子的生育水平。为使中国人口将来不再有大幅度增长，应该在今后 30 到 40 年的时期内大力提倡每对夫妇生育一个孩子。这是为了克服从 60 年代到 70 年代人口激增所造成的后果不得不采取的紧急措施，是为了纠正我们过去在人口政策上所出现的错误所必须付出的代价，是根据中国当前的实际情况权衡利弊而作出的最优选择。”

宋健还从科学推算的角度给出了中国人口控制的目标，“英国生态学家根据英国本土的资源推算，现在 5600 万人太多，应该逐步降到 3000 万人，即减少 46%；荷兰科学家研究的结果是现在的 1350 万人口已经超过了 4 万平方公里上的生态系统所能负担的限度，应该在今后 150 年内降到 500 万人，即减少 63%”①。

中共中央办公厅举行多次座谈会，一边举行一边宣传。在其中一次人口座谈会上，时任第七机械工业部（以下简称“七机部”）第二院副院长的宋健语惊四座，提出若再不控制人口，以后大陆上都没有立足之地了，只能站到水里去。随后，《北京晚报》对宋健在座谈会的言论作了专门报道，并配发漫画。

讨论仍在延续，中共中央却已经在逐步落实计划生育政策。1980 年 9 月 7 日，第五届全国人民代表大会第三次会议的《政府工作报告》中提出：“国务院经过认真研究，认为在今后二三十年内，必须在人口问题上采取一个坚决的措施，就是除了在人口稀少的少数民族地区以外，要普遍提倡一对夫妇只生育一个孩子，以便把人口增长率尽快控制住，争取全国总人口在 20 世纪末不超过 12 亿。”②

在这次会上，还通过了新的《婚姻法》。其中第十二条规定：“夫妻双方都有实行计划生育的义务。”还规定了青年的最低结婚年龄：“男不得早于二十二周岁，女不得早于二十周岁。晚婚晚育应予鼓励。”新《婚姻法》还对优生优育问题作了规定。

---

① 宋健：《从现代科学看人口问题》，载于《光明日报》1980 年 10 月 3 日。
② 彭珮云主编：《中国计划生育全书》，中国人口出版社 1997 年版，第 40 页。

1980 年 9 月 25 日，中共中央、国务院发表《关于控制中国人口增长问题致全体共产党员、共青团员的公开信》，号召全体共产党员、共青团员“提倡一对夫妇只生育一个孩子”。《公开信》号召全体共产党员、共青团员响应“提倡一对夫妇只生育一个孩子”的号召，这虽然不是生育政策的明确规定，而是党的一种宣传性要求，并仅限于共产党员、共青团员范围内，但却成为标志性事件，并异化成在所有育龄人群中一对夫妇只允许生育一个孩子。《公开信》从思想上、理论上阐述了计划生育的迫切性和重要性，号召全体共产党员、共青团员和全体干部，带头实行计划生育，提倡一对夫妇只生育一个孩子。

至此，20 世纪 70 年代初期提出的“一个不少，两个正好，三个多了”的“晚、稀、少”的生育政策要求，最终定格在《公开信》提出的“提倡一对夫妇只生育一个孩子”上。

1981 年，宋健又从食品和淡水角度估算了百年后中国适度人口数量，结果表明，如果生育两个孩子，我们整个民族将一直处于不良供应状态。如果在 100 年左右时间内，我们饮食水平要达到美国和法国目前水平，中国理想人口数量应在 6.8 亿以下。从淡水资源看，中国的水资源最多只能养育 6.5 亿人。同年，田雪原等也得出中国最适人口应该在 7 亿以内的结论。结论已经明确，这些学者只是继续用不同方法、从不同角度再一次论证，以增强人民群众对于计划生育必要性的信念。

1980 年开始实施的一胎化计划生育政策，从当时的政策规定和人口情况来看，基本等价于“独生子女政策”。据北京大学中国经济研究中心曾毅后来的统计研究，“全国有 63.1% 的夫妇只被允许生一孩，35.6% 的夫妇被允许生二孩，1.3% 的夫妇被允许生三孩”①。意味着每个妇女都结婚、都有生育能力和生育意愿，也都依照国家政策的话，平均每个妇女只生育 1.38 个孩子（政策生育率）；考虑至少 15% 的不生育人口，意味着要是都响应政策的话，平均每个生育妇女只能生育 1.175 个孩子（现实政策生育率）；20 世纪 80 年代不育不孕比例没有现在高，假如当时不生育

① 曾毅：《以晚育为杠杆，平稳向二孩政策过渡》，载于《人口与经济》2005 年第 2 期，第 7～14 页。

的人口总数为10%的话，现实政策生育率为1.24。因此称1980年开始的计划生育为“独生子女政策”一点也不为过。

1981年3月，第五届全国人大第十七次常委会决定设立国家计划生育委员会。当年末，中国人口突破10亿大关，成为世界上第一个人口达到10亿的国家。这是一个非常重要的事，一下子把计划生育变成了一个非常紧迫的问题。这一年，国务院副总理陈慕华兼任国家计划生育委员会首任主任。

1982年2月，《中共中央、国务院关于进一步做好计划生育工作的指示》文件发布。在这份文件中，中共中央和国务院第一次明确地提出了中国的人口政策。中国的人口政策就是简单清晰的两句话，“控制人口数量，提高人口素质”。人口数量是人口政策中排在第一位需要关注的因素。①

同时，这份指示也对生育政策做出了完整、具体的表述，“要继续提倡晚婚，晚育、少生、优生。具体要求是：国家干部和职工、城镇居民，除特殊情况经过批准者外，一对夫妇只生育一个孩子。农村普遍提倡一对夫妇只生育一个孩子，某些群众确有实际困难要求生二胎的，经过审批可以有计划地安排。不论哪一种情况都不能生三胎。对于少数民族，也要提倡计划生育，在要求上，可以适当放宽一些。具体规定由民族自治地方和有关省、自治区，根据当地实际情况制定，报上一级人大常委会或人民政府批准后执行”。这一指示精神成为各地制定具体生育政策的基本要求。

1982年12月，第五届全国人大五次会议通过的《中华人民共和国宪法》（即中华人民共和国第四部宪法，又称“82宪法”）第二十五条规定：“国家推行计划生育，使人口的增长同经济和社会发展计划相适应。”第四十九条规定：“婚姻、家庭、母亲和儿童受国家的保护。夫妻双方有实行计划生育的义务。”这两条法规确认了计划生育作为基本国策的地位。宪法还对计划生育的管理作出规定：国务院和县级以上地方各级人民政府，依照法律规定的权限，领导和管理计划生育工作。

中共中央推动计划生育人口政策的态度是非常明确和肯定的，但是计划生育政策开始限制生育，与沿袭了数千年的放任生育传统有冲突，所以

① 彭珮云主编：《中国计划生育全书》，中国人口出版社1997年版，第18页。

计划生育政策的实施也绝非一帆风顺。生育政策在实际贯彻落实过程中遇到各种困难，与民众本身的生育意愿有距离，而且各级领导和官员执行计划生育的手段和力度也不尽相同，导致某些地区、某些群众表示很不理解，出现了反抗、逃避的行为。

总的来说，计划生育实施过程中的问题，主要包括放任自流和急躁冒进两种倾向。前者是因为没有认真落实计划生育政策，有的人多生育，但没有受到处罚。这一方面吸引更多人的模仿，导致计划生育政策形同虚设；另一方面，也会使得主动遵守计划生育的人群表示不满。而在某些地区，主管计划生育的领导急躁冒进，为了实现目标而不顾女性身体健康，采用野蛮手段强制人工流产，在社会上引起强烈不满。

1984 年 4 月，中共中央及时批转了国家计划生育委员会（以下简称“计生委”）党组《关于计划生育工作情况的汇报》，提出实行“堵大口，开小口”，因地制宜，分类指导的政策。这份文件要求各地计划生育工作不必一刀切，在追求总体目标的前提下，因地制宜地根据实际情况灵活处理违反计划生育的行为。这份文件出台之后，虽然计划生育工作中的矛盾依然存在，但有所缓和。[①] 此后，各地都遵从这一指示精神制定和完善计划生育，逐步推进计划生育工作。

第二节　计划生育政策的判断与思考

中国城乡普遍开始实施计划生育基本国策，大约从 20 世纪 70 年代逐步开始。当时，很多地方的生育基本状况是“早、密、多”。因此，1970 年创造性地提出，要采用“晚、稀、少”计划生育，目标是每户二孩。1973 年，政府归纳总结这种自下而上、实施效果颇佳的“晚、稀、少”式计划生育，逐渐推广，最终才将其提高变成全国性的计划生育政策。

这项民众自发总结的人口政策，也符合公共政策制定基本原则。它既

① 彭珮云主编：《中国计划生育全书》，中国人口出版社 1997 年版，第 25 页。

有总体目标，又不过于严厉，比较容易为民众所接受。所以，在推行“晚、稀、少”的政策过程中，只用了不到10年时间，全国人口的自增率就从1970年的25.83‰快速地降下来。1980年的人口自增率可以反映1979年的实施效果，结果是11.87‰，已经比1970年低了一半。这就是“晚、稀、少”人口政策所产生的效果。

总和生育率可以反映当年育龄妇女一生的平均生育子女数，是人口分析中最关键的一个指标。1970年的总和生育率值是5.81，属于比较高的水平。可到了1980年，总和生育率已经急速下降至2.24，已经接近人口自然更替率。这两种与生育率直接相关的度量指标大幅下降，降幅超过一半。这种现象发生在温饱问题尚未彻底解决、人均国内生产总值（GDP）非常低下的中国，可谓是世界生育史上的奇迹。

总结一下影响生育率的因素，那么总和生育率的降低确实可以归于计划生育所产生的效果。因为广义上的计划生育早在20世纪70年代就已经开始。1970～1979年，尚未成立国家计划生育委员会，只是在某些地区笼统地号召施行“晚、稀、少”人口政策。那时候中国的政治还时常陷入混乱，既无行政措施更无行政命令，人口政策并没有什么强制力。这种情况下，人口自然增长率及总和生育率都会大幅度地下降，可见主要原因是全社会和各个家庭都已感到人口压力，广大民众中确实蕴藏着实施计划生育的积极性。

所以，民众本身有这个需要，再加上国家提供相应的避孕与节育服务，倡导减少生育，两者的目标一致，人口过快增长的趋势就能迅速得到有效抑制。新中国的亿万民众根据“晚、稀、少”的人口政策，创造了世界人口史上生育率快速下降的奇迹，一方面说明民众才是驾驭人口变动的主体，控制人口需要真正迎合民众的自身需求；另一方面，也说明新中国的民众识大体、顾大局，愿意配合国家政策来调整自己的生育计划。

1980年的总和生育率是2.24，同时考察20世纪80年代不断降低的死亡水平，那么中国的总和生育率已经降低到了更替生育水平值。即使不考虑任何促进生育水平进一步下降的因素，仅仅保持1980年生育模式不变，也能达到2000年的实际人口控制结果，即人口处于一个适度的水平上。如果考虑实际可能的下降，再考虑到执行因素和统计误差等，那么可以推算 2000 年中国的实际人口为 12.3 亿。这并不是一个很高的数值，中国也没有那么大的人口压力。

1980 年总和生育率值为 2.24，从今天的角度来判断，这已是很了不起的成就。但是在当时出生一孩中，尚未达晚育的仍占 49.17%；出生二孩中，尚未达晚育年龄或间隔年限的还高达 82.75%。这就意味着当时多数人口的年龄还偏小，还没达到生育年龄，所以总和生育率仍有调整空间。“晚、稀、少”的任务远没有完成，只要继续推行“晚、稀、少”就可以保持人口下降的趋势。

邓小平表示，“要使中国实现四个现代化，至少有两个重要特点是必须看到的：一是底子薄，中国仍然是世界上最贫穷的国家之一；二是人口多、耕地少。全国九亿多人口，其中百分之八十是农民，在生产还不够发展的条件下，吃饭、教育和就业都是严重的问题。我们要大力加强计划生育工作，但即使若干年后人口不再增加，人口多的问题在一段时间内也仍然存在，这种情况不容易改变。这是中国现代化建设事业必须考虑的特点”①。邓小平的这次讲话，再一次明确了计划生育作为基本国策的地位，也为以后大力推动计划生育奠定了基础。

当时的主流人口学者和一些领导者觉得“晚、稀、少”这种经过检验的人口政策，在推动中国人口变动时，虽有效果，但是见效太慢。在追求经济发展的目标下，中国不能过于消极，不能简单放任人口增长率及总和生育率在这过程中自然而然地下降，而要采用更积极的手段，主动将其降下来。1980 年国家计划生育委员会成立后，立刻就把“晚、稀、少”不分城乡差异地取消，把重点转移到“只能生一孩”。

1980 年，从上到下，各级机关、各种媒体都在强力宣传“一胎化计划生育”政策。1980 年计划生育的核心工作就是将“提倡”一对夫妻生育一个孩子，从政策层面紧缩到“只能”生育一个孩子。原本“晚、稀、少”的生育政策试点推行 10 余年，基本没有遇到什么困难。但是在 1980 年严格规定只能生一胎后，就使得推动计划生育工作变成了非常艰难的工作。最主要的困难就是广大农村群众普遍不接受，以种种不正常方式抵

① 彭珮云主编：《中国计划生育全书》，中国人口出版社 1997 年版，第 137 页。

制，因而失去了计划生育主体的育龄夫妇实施基础。

20 世纪 80 年代初，粗暴执行“严格一胎计划生育”政策，产生了很多副作用，这一点需要更多的重视和反思。当时，基层主管计划生育的部门，变成以组织推行计划生育的“小分队”。这种组织形式上的失误，迫使计划生育的工作从日常性、宣传性、服务性的工作，转变成为“突击”式检查性的工作。原本计划生育部门的工作方法是以宣传教育为主，但在强制立法计划生育后，工作方式不得不变为“通不通、三分钟”的粗暴工作方法。而原本计划生育的目标是以避孕为主，自主选择节育措施，在立法后就粗暴地变为“一胎上环、二胎结扎”的行政推行工作。

毫不奇怪，很多地方的粗暴工作相应催生出“超生游击队”。这个普遍现象反映出计划生育工作中急于求成的问题，以及产生了节育措施事故大幅增多的问题。“超生游击队”的后果很严重。计划外怀孕的妇女在东躲西藏的环境下，身体素质自然不可能很好，也会影响到出生孩子的身体健康。“超生游击队”正是 1980 年被迫严格执行计划民众反抗政策、自主生育的形象写照。

计划生育政策在执行过程确实产生了副作用。事实表明，推出计划生育后，人口的增长率不仅没有继续下降，反而有所反弹。1981 年的人口自然增长率从 1980 年的 11.87‰大幅回升到 14.55‰；1982 年继续回升，竟高达 16.01‰，甚至较 1975 年的 15.77‰还高。1981 年的总和生育率值从 1980 年的 2.24 大幅回升到 2.65；1982 年继续回升，竟高达 2.86。1981 年的农村总和生育率从 1980 年的 2.49 大幅回升到 2.93；1982 年继续回升，竟高达 3.20。

这个现象有一些可以归咎于人口结构的趋势性变化，但也确实真实地反映出民众对于严格执行计划生育政策的反感。这种反感，导致计划生育政策并未取得理想的效果。单从数据上观察，1982 年全国农村育龄妇女普遍都生了三个孩子，生四个孩子的也高达 20%。计划生育政策推出后，反而导致了人口反弹。除此之外，这种反弹还损害了计划生育政策在广大群众中及在国际社会中的形象。这不完全是计划生育政策本身的问题，更多是计划生育政策执行中的问题。

尤其值得一提的是，1980 年前，多位国家领导人都曾强调，在人口稀少的少数民族地区不应该推行计划生育，需要考虑到地方上的特殊情况。这原本是一项有益于各民族融合与边疆省区经济社会发展的政策，具有重大战略意义。可到了 1980 年后，这项政策竟也被强行改变，导致地方上出现一系列少数民族与汉族之间的矛盾。

从生育模式看，1980 年强制推行的计划生育政策，导致第三次全国人口出生高峰提前一年于 1986 年到来。这些都有力地证明了“收紧”政策是“大开口子”的失控、半失控结果。可见，只准生育一个孩子的过紧生育政策不是导致少生，而是导致了多生的后果。理想的政策却导致没有预料到的严重后果，这一点非常值得我们思考。

尽管 1980 ~ 1984 年强力推行只准生育一孩的政策时间短暂，但受其影响及后来生育政策完善的不到位，也即没有全面恢复“晚、稀、少”政策，而是有条件地继续推行一胎化的计划生育政策，后来在党政“一把手”总负责的条件下，计划生育政策照常推进。据马瀛通的估计，2000 年的总人口反而要较推行“晚、稀、少”政策时多出很多。

大多数人口学者、统计工作者和计划生育部门的领导者认为这个结果是完善生育政策所导致的。但是真正完善生育政策始于 1984 年中期前后，而非更早。正是由于没有以 1984 年开始完善生育政策的时间，来准确地认识其前后的生育度量指标大幅度变化，才产生了想当然的认识。很多计划生育工作者非常留恋“一胎化”，甚至竟然似是而非地认为“开小口”就是对计划生育工作实际效果的放松，从而把完善生育政策实施效果的正面效应扭曲为负面效应，这是非常可惜的。

当时有很多计划生育工作的执行者对 1984 年完善生育政策提出批评，认为现在这个修正的政策“开了小口，也没堵住大口”。然而，此前的计划生育实践与数据均表明：所谓的“大口”“特大口”都是“紧缩”政策“紧”出来的负效果。实际生育水平从来就未曾实现过“只能”生育一孩，哪来的“开出来的小口”与“没堵住的大口”？就是这种似是而非论，使上上下下那么多人不仅产生了错误认识，甚至还影响到其后至今的生育政策继续完善，或称“恢复计划生育二孩”政策。1980 年，误导推行“只能”生育一孩产生的多方面负效应，竟被误导者将之强加在 1984 年中期前后的完善政策头上，并称之导致了“人口失控”“半失控”，其实质是一种有意识的转嫁行为。

当时对于严格的计划生育政策的分歧并没有得到充分的讨论。时至今日，还有很多人认为20世纪80年代的计划生育政策执行得不够严格、不够完备。这种激进思想在很长一段时间里都直接影响后来的人口和计划生育决策。

邓小平早在1980年的《关于农村政策问题》中就明确指出，“如果稳步前进，巩固一段时间再发展，就可能搞得更好一些。1958年大跃进时，高级社还不巩固，又普遍搞人民公社，结果60年代初期不得不退回去，退到以生产队为基本核算单位”。1992年，邓小平更加明确地指出：“‘左’带有革命的色彩，好像越‘左’越革命。‘左’的东西在我们党的历史上可怕呀！一个好好的东西，一下子被它搞掉了。右可以葬送社会主义，‘左’也可以葬送社会主义。中国要警惕右，但主要是防止‘左’。”① 邓小平的这种理论在人口政策上的应用同样值得我们重视。

用邓小平的观点来评估1980年把“晚、稀、少”紧缩为“只能”生育一孩及其所酿成的后果，很容易发现这项政策在推动和执行过程中的激进倾向。作为对比，不妨观察同一个时期实施两孩生育政策的国家及地区，诸如韩国与中国台湾。它们在控制人口方面的实践经验都已明确证明，只要采用二孩政策，在自然更替率上下的生育水平都在相当低的低生育水平稳定运行，甚至进一步下降。

毫无疑问，中国一直是一个人口大国，人口问题必然是中国社会经济中的核心问题。从现代经济学和人口学的角度评价，1949年之后的新中国是一个人口相对过剩的国家。所以，稳定相当一个时期的低生育水平，是解决相对过剩人口问题的客观需要。

稳定低生育水平不必非要将计划生育政策稳定在一孩基础上，也可以稳定在二孩或者更灵活的生育基础上。因为这既是制定社会公共政策合情合理的需要，也是计划生育实践检验的正效应经验与负效应教训，客观要求将生育政策完善到两孩的需要。人口相对过剩、不足、适宜，是在与经济社会发展相适应前提下对人口规模性质的一种分类。每个人口的规模，

① 《邓小平文选》第三卷，人民出版社1993年版，第375页。

都是其分年龄人口的加总之和，而人口规模变动，又是其出生人口与其他所有年龄生存状况综合变动的具体体现。人口规模变动与各分年龄变动，是同步变动的一个有机、不可分割的整体。因此，绝不能将人口规模变动与人口年龄结构变动割裂开来，单纯讨论某一个方面。

只要发生人口相对过剩、不足和适宜，相应的年龄结构也必是相对过剩、不足和适宜。中国解决相对过剩人口的过程，也就是在一个年龄接一个年龄地逐年解决相对过剩年龄结构的过程，因此，中国的人口规模变动与年龄结构，都是处在合理的变动与转化过程。中国确实会面临老龄化问题，但不应该简单地因为害怕老龄化问题而强力改变人口政策。

计划生育委员会专家咨询组专家马瀛通甚至提出，反映人口年龄结构变化的中国人口老龄化反而是一件大好事。之所以这样说，是因为度量年龄结构变动的年龄构成比指标及其表征的意义，不是在任何条件下都可以通用，其表征的统计意义，在人口相对过剩与不足前提下，有时则恰恰相反。老龄化有助于减少过剩人口，解决潜在的失业，对于缓解经济中结构性矛盾具有积极的意义。①

事实上，大多数发达国家面临人口相对不足、人口老龄化严重问题，但这些问题与中国老龄化及其老化程度的意义不尽相同。因此，以所谓年龄结构不合理或人口老龄化相关问题，来疾呼实施“二孩”生育政策，并不是站得住脚的理由。马瀛通建议完善生育政策及早实施“二孩”生育政策，更多出于经济结构考虑，与这些论证在逻辑上并不一致，但是在结果上相一致。

1984 年 7 月，马瀛通与张晓彤曾就 20 世纪将人口控制在 12 亿以内的目标以及相关生育政策问题给中央写了一份名为《关于人口控制与人口政策中的若干问题》的研究报告。当时胡耀邦对此作出重要批示，“启立、建秀、兆国同志：同意紫阳同志的意见。这是一份认真动了脑筋，很有见地的报告。提倡开动机器，深入钻研问题，大胆发表意见，是我们发展大好形势，解决许多困难的有决定意义的一项。我主张按紫阳同志提出的请

① 马瀛通：《中国人口年龄结构合理转化问题研究》，载于《中国人口科学》2012 年第 1 期，第 2～13 页。

有关部门测算后，代中央起草一个新的文件，经书记处、政治局讨论后发出”。

根据这份批示的精神，国家计划生育委员会在请有关部门测算后，于1984年9月召开了相关各界人士与多学科多部门专家学者参与的“人口控制与人口政策中的若干问题”论证会。在论证会上，计划生育委员会专家咨询组专家马瀛通做了题为“科学是规律的反映，实践是历史的见证”的全面答辩与阐述，既就与会者对报告提出的诸多问题做了全面的一一解答与阐述，也对报告涉及的测算等方方面面的问题做了说明。马瀛通当场演示，充分证实与确认了在可行性基础上，报告的测算是一种留有充分余地的准确无误测算。论证会直至再无新问题提出才告结束。

从实证角度看，在20世纪90年代后期，经济社会发展水平已经成为影响生育水平下降的主导因素。因此，生育水平已经降至低生育水平。不管有没有计划生育，这个结果都会是稳定的。因为从结构上看，生育水平已经发生质的改变，经济社会发展水平居主导地位的低生育水平，一是不会反弹，二是将相对稳定，后来的事实都在持续验证着这一理论分析。

今天回头总结1980年初强力推行计划生育那一段历史，有很多问题需要总结和反思。现在的人口学者普遍承认，在20世纪80年代初就严格实施不分城乡差异、强制执行“只能生育一孩”的人口政策可能过于激进。这是一种超越当时社会经济现实的理想，不具备现实的可行性。中国农村的情况极为复杂，即使放在2000年或者2010年，全国绝大多数农村也很难完全实施如此严格的人口政策。今天的育龄夫妇已不是80年代的育龄夫妇，他们的文化素质有了大幅提高，生育意愿也完全不同于七八十年代的育龄夫妇。

实际上，到了2000年以后，大多数农村地区能生育的家庭基本也只生育两个孩子，多孩生育是少数。在不同时代，对于育龄夫妇生育意愿和生育能力的推断都需要重新分析，不能简单照搬过去的预测模型。

今天育龄夫妇丧失生育能力的比例已经大不同于20世纪七八十年代的育龄夫妇。那时全国各种生育节育调查都表明，育龄夫妇终生丧失生育能力的只有2%左右。所以，从生理角度看，以前育龄夫妇的生育能力是比较强的。如今的饮食结构已经发生改变，再加上受农业实施化肥农药、除草剂等影响，还有其他食物添加剂的影响，致使终生丧失生育能力的育龄夫妇所占比例肯定比 80 年代显著增加。

20 世纪 80 年代，欧洲多个国家都曾开展过社会调查，分析育龄妇女分年龄丧失生殖能力的比例。他们发现，年龄在 20～24 岁的为 3%，25～29 岁为 6%，30～34 岁为 10%，35～39 岁为 31%，40～44 岁为 31%，45～49 岁为 100%。2000 年以后，中国的 GDP 快速增长，中国人均 GDP 也要逐步接近甚至高于那时的欧洲经济水平。因此，中国的育龄妇女丧失生殖能力的年龄也可以参照这个水平。按照这个年龄分布，中国的低生育水平一定能够持续，理论上不再需要用计划生育政策加以严格控制。

1984 年以后，中国的计划生育政策在巨大的反弹下终于做出一些调整。中共中央和国务院对于之前过于激进、冒进的做法进行了纠正，施行“堵大口，开小口”的政策，给予地方上一定的自主权。新的政策提出，在保证总体目标的前提下，可以根据各个地方的实际情况做出一些灵活变通。应该说这次政策调整极大地缓和了地方上强力执行计划生育所造成的矛盾。所以，1984 年以后，中国“一胎化”的计划生育执行得比较顺利，总和生育率等重要人口指标也逐渐降了下来。

1986 年 2 月 28 日，中央政治局第 35 次会议讨论了《国家计划生育委员会党组（关于合理控制人口增长的报告)》和《关于“六五”期间计划生育工作情况和“七五”期间工作意见的报告》。这两份报告进一步肯定了执行计划生育的目标，从而把计划生育工作当作一个长期的工作任务。

1988 年 3 月 31 日，中央政治局常委会第 18 次会议讨论并通过了国家计划生育委员会《计划生育工作汇报提纲》。这份提纲里强调，农村应当有一个长期、稳定、得到多数农民支持的计划生育政策。除了过去规定的一些特殊情况可以生育两个孩子以外，“独女户”家庭要求生育两胎的，间隔几年可允许。在农村实行这样政策的出发点是，既要坚定不移地把计划生育工作抓紧，又要从实际出发，使计划生育政策能够为多数农民所接受，得到他们的支持。只有这样，计划生育工作才能有更坚实的基础，才能长期稳定坚持。总体来看，这份提纲仍然坚持计划生育的重要性，只是在农村地区操作上进一步增加了灵活性。

不仅如此，中共中央和国务院一直希望在各个地区从法律上保证计划生育工作的开展。1990 年 8 月 31 日，国务院召开第 117 次办公会议通知还没有制定地方计划生育法规的六个省区市，请他们力争在《中华人民共和国行政诉讼法》正式施行前颁布地方的计划生育法规，使全国除西藏自治区之外的 29 个省区市都完成以“现行生育政策”为主要内容的地方立法。

所以纵观整个 20 世纪 80 年代，计划生育政策都在稳定有序地推进。中共中央对于计划生育工作一直十分重视，从未放松要求。直到 1991 年，中共中央和国务院还作出《关于加强计划生育工作严格控制人口的决定》，明确提出要求“各级党委和政府务必把计划生育工作摆到与经济建设同等重要的位置上来，把人口计划纳入本地区国民经济和社会发展总体规划，列入重要议事日程。党政第一把手必须亲自抓，并且要负总责”。

从 1990 年开始，中国的人口出生率稳定下降，1990 年是 21.06‰，1991 年是 19.68‰，1992 年是 18.24‰，1993 年是 18.09‰，到 1994 年降低到 17.70‰——终于降到了比 1979 年实行“晚、稀、少”时期的 17.92‰更低的水平。以后的趋势，也仍然是一路下滑，直到 1998 年降低到 15.64‰，并由此使中国人口的自然增长率降低到了 10‰以下的 9.14‰的水平。1999 年，中国市镇人口的自然增长率为 8.36‰。当年“五五”时期的计划目标是在 1980 年将城市自然增长率降低到 6‰，将农村自然增长率降低到 10‰。从结果来看，2000 年也还没有完全实现这个目标。由此可见，1980 年前渴望达到的激进计划指标很难实现，过于脱离中国的现实情况。

而到了 2000 年前后，中国的人口结构却发生了重大转变，由成年型社会转变为老龄化社会。2001 年 12 月 29 日颁发的《中华人民共和国计划生育法》（2002 年 9 月 1 日施行），将原有的政策性规定法律化为“国家稳定现行生育政策，鼓励公民晚婚晚育，提倡一对夫妻生育一个子女；符合法律、法规规定条件的，可以要求安排生育第二个子女。具体办法由省、自治区、直辖市人民代表大会或者其常务委员会规定”。这是“一胎化计划生育”在强力推行 20 余年后，在诸多人口学家强力建议下，终于开放的一个口子。

不过，2000 年终于开放的“双独二孩”并没有产生很大的反响。从事后的调查数据来看，这个政策也没有改变总和出生率大幅下降的趋势。“一胎化计划生育”在强有力执行 20 余年后，对民众的观念产生很大的影响。2000 年前后，双方都是独生子女并需要生育二孩的比例并不是很高。所以，这个政策只是为“一胎化计划生育”政策打开一个缺口，还远没有颠覆这个政策。当时，众多人口学者仍然在为计划生育政策的改进方向而争论不休。中国的人口政策，从全面支持计划生育时期，转向了争议时期。

第三节　计划生育的认识和反思

在 20 世纪 80 年代，“一胎化”的计划生育政策既是基本国策、全面推行的人口政策，也是绝大多数人口学者的看法。但是也有一些学者根据自己的研究，始终对这一人口政策持有不同观点，并且坚决地在各种场合、用各种方法表达自己的非主流意见。其中最有代表性的就是梁中堂教授。

1979 年，梁中堂在成都召开的第二次人口科学讨论会上提出了“两胎加间隔”方案，1984 年就《把计划生育建立在人口规律的基础上》上书胡耀邦总书记，1985 年国家计生委选择 13 个地区作为二孩试点，梁中堂选择了山西翼城作为试点，并成为近 30 年二孩试点典型。以后作为全国政协委员和国家计生委专家组成员，梁中堂建议修改现行生育政策。2000 年以后，梁中堂进一步丰富和深化了对生育政策的研究，其《中国生育政策史论》《中国生育政策研究》《论“公开信”》等诸多著述，在业内和社会上产生了很大影响。

早在 1984 年，梁中堂在一份研究报告中主张把计划生育工作建立在人口发展规律的基础之上。在这份报告里，梁中堂提出了与主流人口学界非常不同的观点。

梁中堂指出，20 世纪 70 年代以来，中国计划生育工作已经有了很大的进展，特别是 1979～1983 年平均每年出生的人数由 1971～1978 年的

2166万下降到1903万，人口递增率由1.87%下降到1.33%。在没有施行限制生育的政策下，就取得如此成绩，这本身完全是值得肯定的。但是，我们又不能不感到计划生育已经成为各级领导目前最大的包袱。可以说，在新中国的历史上还从来没有过像计划生育工作这样的矛盾，即把开展工作长期建立在与群众严重对立的社会基础上。

多年来，很多人以为人口增长只能靠每个家庭尽可能少生孩子来解决，不懂得利用人口自身发展规律调节节育来达到控制人口的目的。1980年，中国人口的变动趋势正处于一个十分微妙的发展阶段，只有认真分析这个人口结构及其特点，有关部门才能够制定出一个符合客观规律、符合国情以及得到人民群众支持的人口发展战略。

1980年，中国的总人口大约为10.3亿左右。根据广东、浙江、河北、河南四省第三次人口普查手工汇总的资料分析，中国目前总人口中0～14岁大约占32%，15～64岁占62%，65岁以上接近6%。这样的人口结构与世界平均构成很接近，并没有什么特别之处，其中0～14岁人口比例比全世界同年龄组低一些，而劳动年龄组的人口比例还要高一些。这种结构的人口群体因为青年人口和育龄人口比重大，必然表现为死亡率低而出生率高，中国人口学家在讨论中国人口状况时，仅仅指出了一般性的特点。但是如果对今后几十年人口发展进行研究，做这样的划分还是很不够的，还需要更仔细地探讨中国人口结构。

根据统计，在20世纪80年代的中国总人口中，新中国成立后累计出生的接近7亿人，其中35岁以上的人口占3亿多一点。在新中国成立后出生的人口中，50年代（1949～1959年）平均每年出生人口2000万，60年代（1960～1972年）平均每年出生人口2500万，70年代初开展计划生育以来平均每年出生人口1800万。按照梁中堂的估算，根据这样的人口构成，中国人口自然变动在接下来二三十年内将会出现以下一些趋势。

第一，死亡率和死亡人数将有所增长。目前中国人口死亡率比较低，这是人民群众生活水平提高的结果，此外也同年龄构成轻分不开。如果分析各地区分年龄组别的死亡率，就不难发现35岁是一个明显的转折。即35岁以下（除0～5岁外）各年龄组的死亡率很小，超过35岁以后各年龄人口的死亡概率明显上升，这是人口的自然规律。1985～1990年以后，新中国大量出生的人口就陆续涌进 35 岁以上的年龄组，高年龄组的人口越来越大，死亡率和死亡人数就会上升，从而降低总人口的数量。如果我们的人口构成达到目前发达国家的水平，其死亡率可能会比西方国家低一些，但也不会太低。据估计，2000 年中国的死亡率将由 1980 年的 0.6% 上升到 0.9%，死亡人数处于 800 万～900 万之间。2000 年之后，死亡率和死亡人数还将有较大幅度的上升。等到 20 世纪 60 年代出生的人口到六、七十岁的年龄时，即大约 2020～2030 年前后，中国的人口死亡率会上升到顶点，那时将达到 1.3%，死亡人口可能会超过 1400 万人。然后，中国死亡人口数量会在一段时间内下降。最后，随着中国人口的相对，中国的死亡率将比较稳定地停留在 0.8%～0.9%。

第二，根据现有人口结构，估计中国人口出生状况将有 10 年左右的高出生率，然后开始逐步下降。根据中国目前生活水平，平均妇女生育率为 2.1～2.2 才能维持人口简单更替。从一个家庭来说，即要求生两个孩子，才能保持总人口不变。实际上，由于每个年龄的妇女中总有一定比例的不婚、不育、有病，以及大孩子夭折等，即使每个家庭生只两个孩子，中国的总人口都会有所下降，达不到自然更替的目标。鉴于中国人口经过 30 年的快速增长，扩大再生产即每个家庭生两个以上的孩子的可能性已不大，所以 35～50 岁的育龄妇女虽然具有生育能力和生育条件，但由于她们平均生了 2.5～3 个孩子，其中大多数实际上已退出了生育年龄。由此可见，真正决定未来 20 年人口发展的是新中国成立后出生的近 7 亿人口。站在 1980 年这个时点看，在新中国成立后出生的这些人口中，50 年代出生的人口超过了初婚和初育的年龄，即平均每对夫妇已经有两个孩子，这样的生育水平基本上符合中国群众的生育意愿。只要政策合适，这个年龄段的妇女一般不会生育超过两个孩子。所以，他们也已经退出生育年龄的人口。如果以 20 岁为初婚年龄计算，60 年代出生高峰的人口从 1980 年开始陆续结婚和生育。大致 10 年以后，70 年代开始计划生育后出生的人口也将进入婚龄。这样，1985～1995 年前，每年结婚的夫妇为 1100 多万对，如果每对夫妇允许生两个孩子，并且在间隔较短的时间内生完，每年出生近 2300 万个孩子。1996～2000 年，每年结婚的夫妇为 800 万对，同样允许生两个孩子，每年将出生 1600 万人。这个数据对于中国的经济社会发展是比较合理的。

第三，在1980年往后的10多年的时间里，由于出生人数多、死亡人数少，这段时间将成为中国人口增长率最高的时期。这是人口结构所决定的。可是到2000年前后，由于每年出生人口少、死亡人口上升，人口增长率有可能下降。

所以，以上分析的各点说明，中国人口在1980年往后的10年左右是一个特殊时期，在这个阶段，人口的高出生率和低死亡率都处于相对稳定状态。越过这10年，出生率和死亡率都会有较大的变化。我们无法在死亡率上调节，但完全可以在10年这个较短的时期内调节出生率。出路也就在这里。

梁中堂分析建议，根据中国1980～1990年结婚和生育人口猛烈上升然后下降，以及死亡人口可能不断上升的趋势，调节生育间隔和提倡一定比例的独生子女率，就能够较完满地解决中国人口问题，具体来说包括以下几点。

第一，允许一对夫妇生两个孩子，但间隔必须延长到8～10年。从优生学的角度考虑，各个家庭可以自行制定生育计划。但是，如果生两个孩子，第二个孩子必须推迟至妇女30～34岁时生育。

第二，继续提倡和鼓励一对夫妇只生一个孩子，并争取独生子女率达到30%。如果实行这样的方案，在1984～1993年每年出生的孩子仅有1100多万个相当于10年的一胎化，除去每年死亡人口700多万，增长400万人口，10年计4000万人。1994～2000年出生的头胎为800多万人，二胎为700万人，每年合计1500万人，同期每年死亡人口将超过800多万，净增长700万，7年增长5000万，2000年总人口11.2亿。可见，按此发展战略，把人口控制在12亿以内是很有把握的。

如果执行这样的政策，2000年以后是否还会有巨大增长呢？经过计算，2010年以前尽管人口还有增长，但最高人口也不过11.4亿。因为，2000～2010年每年第一胎人口计500万，第二胎计570万人，合计出生1070万人，但这时的人口死亡率将达到0.9%，即死亡人口大约9000万，每年净增人口170多万，11年累计才2000万人口。2010年以后，中国人口死亡率还会有所提高，而出生人数反而减少，人口基本上稳定或略有降低。这就是说，按照这个方案，中国人口峰值无论如何也不会超过 12 亿。

对比目前中国人口困境以及其他方案来讲，这种人口发展战略的优越性十分明显，有很多好处，值得深思。

第一，这种发展战略将获得群众的拥护。目前的人口政策不让生二孩，尽管减少了一部分出生人口，但很失民心，我们为此付出的代价太大了。允许生二孩，这无论从宣传上或人民群众的心理上，都可以说是合情合理的。从形式上看，二孩间隔长了点，但这是就只生两个孩子来说的。从发达国家和优生学的角度来看，30 多岁妊娠和生育都是正常的。对过去多子女的妇女来讲，30 岁往往还是她们生育中间子女的年龄。所以，比较不准或基本上不准生二孩的政策，这将是大失民心的。

第二，这种发展战略有利于制定生育法。前几年的生育政策要求一孩化，同大多数人的情结很对立，不具备立法的群众基础。如果生育法以允许生两个孩子为核心又冲垮了计划生育工作的防堤。几年来立法机关左右为难，致使在今日生育领域内仍然是无法可循。允许生两个孩子，人民拥护，立法的基础也就具备了。

第三，这种发展战略可以使人口出生率迅速下降，有效地控制人口增长。前几年由于凭良好的愿望提出生一个孩子的政策，不合国情、人情，遭到大多数人的强烈抵制。因此有相当多的人超计划生育。几年下来，不仅二孩止不住，三孩以上还占有相当大的比例。现在让生二孩，得民心、能立法，就可以有效地制止二孩以上的计划外生育了。此外，如果这样做，可以得到 10 年左右的“一胎化”效果。而且这一政策时期，正好发生在中国初婚年龄人口最多、死亡率最低的时期。政策结束之后，中国人口的出生率和自然增长率一下子达到发达国家目前的稳定状态，人口激烈变动现象从此就消失了。

第四，削平了人口峰波，使中国人口迅速走上稳定发展的道路。目前中国人口中 35 岁以下是个大峰波，其中 1963～1973 年出生的人口处于结构上的峰顶。进行如此调整之后，就把峰顶上出生的人口和 1974 年之后峰波上出生的人口拉平，导致各年龄组的人口可以实现大致的平衡。这对经济和社会的稳定发展都将产生很大的影响。

第五，避免以后严重的老龄化问题。根据这几年几种有影响的人口发展战略，要求100年后将中国人口控制在6.5亿～7亿的水平，或者要求1950～1980年出生人口施行一胎化政策，势必会出现以劳动年龄的人口（20～60岁）为核心的三代人1:2:4的局面。例如，根据宋健及西安交通大学两种方案预测，2035年左右的人口年龄构成已经出现这种局面。到那时，即使再下令修正几十年一胎化的人口政策，而20%～30%孤独老人的家庭局面也仍然是不可避免的。这将是一个无生气、无活力和无前途的社会。遗憾的是，我们的人口学家已经预测到这种危险性，却不愿意提出修正意见。只要允许生两个孩子，上一代人在五十多岁时，人们最小的孩子也长大到20多岁了，完全可以消除以上后顾之忧。

把梁中堂提出的这个人口战略同当前实行的计划生育政策加以比较，可以发现两者也并不是完全水火不容。梁中堂并不是直接和完全地否定当前的政策，而是希望不要过于严格地执行只生一孩政策，适当放开二孩，从而可以保证计划生育政策的延续性和稳定性。这样，实行人口战略和计划生育工作的转变，不仅是必须的，而且是可行的。

1980年9月，五届人大第三次会议提出了“全国总人口在20世纪末不超过十二亿”的控制目标。之后，中共中央《关于控制中国人口增长问题致全体共产党员、共青团员的公开信》中，在1981年五届人大第四次代表大会上，在中央办公厅、国务院办公厅转发的《全国计划生育工作会议纪要》中和1984年中央批转国家计划生育委员会党组关于计划生育工作情况汇报即中央“7号文件”中，都相继强调了这一指标。

同时，中央“7号文件”指出，“要把计划生育政策建立在合情合理、群众拥护、干部好做工作的基础上”。这充分体现了党的十一届三中全会实事求是的思想路线。但是，要在21世纪末实现人口控制在12亿之内，又是个技术上的目标。这两个目标并不完全一致，这就成为20世纪80年代直至后来中国计划生育政策争议不断的主要原因。

为了同时实现这两个目标，中共中央和国务院并没有采纳梁中堂的改变生一胎计划生育政策的建议。在1984以后，有关部门采取了“堵大口，开小口”的政策，即仍然追求严格控制人口的总目标不放松，但在具体实施上允许各个地方有所调整、避免过激行为。无疑，人口总量危机仍是有关部门最为担心的问题。从 1980 年直至 2000 年，人口学界总体上也对这个问题表示担忧，对一胎政策表示支持。但学界仍有很多进一步研究，并不断尝试在实证基础上对政策提出反思。我们将在下一节中，围绕一些学者的思想发展和演变的脉络，进一步讨论这个时期的人口思想。

第四节　人口思想的个例研究

1980 年直至 2000 年，有好几位学者对中国人口政策产生了重大影响，包括宋健、田雪原、翟振武、梁中堂等。他们背景不一，有的是人口学者，有的是经济学者，还有的是物理学者转而研究人口问题。同时，他们的观点也并不完全一致，有的主张严格的计划生育，有的反对过于严格的计划生育。在这一节中，我们将选取几位学者作为个例，以他们个人的人口思想演变过程作为线索，探讨这一时期中国人口思想的多样形态。

谈及计划生育政策，首先必须要提到的学者无疑就是著名科学家宋健。宋健 1931 年出生，苏联莫斯科国立鲍曼技术大学研究生毕业，获得博士学位。宋健是著名的控制论、系统工程和航空航天技术专家，时任七机部第二院副院长，后来成为两院院士，曾担任中国工程院院长。

宋健自 20 世纪 50 年代担任行政工作起，先后发表科学论文 160 余篇，科技著作 10 余种，著有《工程控制论》等著作。宋健从 70 年代末开始，尝试与社会学者田雪原等合作，将工程学上的控制论运用到人口数量研究上。

1980 年 2 月 13 日，新华社公布了田雪原、于景元、李广元等人用"自然科学和社会科学相结合"的人口控制论方法研究出来的《中国人口百年预测报告》。其中提到，如果按中国当时的生育水平延续下去，2000 年中国人口要过 14 亿，2050 年中国人口将达 40 亿。这是一个非常惊人、令人无法接受的人口水平。第二天，《人民日报》又发表了新华社的稿件《自然科学和社会科学工作者合作进行研究　首次对中国未来一百年人口发展趋势作了多种预测》，使得宋健等提出的这一论点广为人知。1980 年

3月7日，《人民日报》刊发了署名宋健、田雪原、李广元、于景元的文章《关于中国人口发展目标问题》，再一次强调了用人口控制论算法计算出的数十年后的惊人的中国人口数量。

从1982年开始，宋健等开始逐步把自己的人口控制论研究成果发表在学术杂志上。1982年，宋健等在《数学物理学报》上发表论文《人口算子的谱特性与人口半群的渐近性质》。他们讨论人口算子的谱特性，证明了人口算子只有一个实本征值，该值是实部最大的本征值，同时找到了妇女临界生育率与该本征值的对应关系。该文还论述了人口系统半群的存在性和渐近特性，由此给出了人口系统稳定性问题的结论，从理论上证明了在临界生育率条件下存在稳态人口状态。这些都是定量人口理论的新结果。文章中特别注明，三个单位的同志同时得出该文主要结论，因此联名发表。[①] 同年，宋健又在《科学通报》上发表题为《人口发展方程的解及其渐近性质》的文章。[②] 当时能够理解这些前沿分析方法的人口学者并不多，但大多数人口学者对宋健等的结论表示赞同。

此后数年，宋健及其团队又在数学和理工科的专业学报上发表了一系列探讨人口控制论的论文。如1983年，他在《中国科学数学》上发表了《非定常人口系统的动态特性和几个重要人口指数的计算公式》一文。[③] 1986年，他又连续发表了《人口发展系统解的渐近性质及对生育模式的依赖关系》[④] 和《人口发展算子的谱性质及人口系统的能控性》[⑤] 等论文。

在此之后，宋健主要从事行政工作，在较长一段时间内并没有对人口学尤其人口数量问题继续进行探索研究。一直到2001年，宋健在《人口研究》上发表论文《人口结构面面观》。文章指出，年龄结构是最重要的

---

① 宋健、于景元、王彦祖、胡顺菊、赵忠信和刘嘉荃等：《人口算子的谱特性与人口半群的渐近性质》，载于《数学物理学报》1982年第2期，第137～144页。

② 宋健：《人口发展方程的解及其渐近性质》，载于《科学通报》1982年第22期，第1356页。

③ 宋健：《非定常人口系统的动态特性和几个重要人口指数的计算公式》，载于《中国科学：数学》1983年第11期，第1043页。

④ 宋健、于景元、刘长凯、张连平、朱广田：《人口发展系统解的渐近性质及对生育模式的依赖关系》，载于《数学物理学报》1986年第3期，第309～318页。

⑤ 宋健、于景元、刘长凯、张连平、朱广田：《人口发展算子的谱性质及人口系统的能控性》，载于《中国科学：数学》1986年第2期，第113～123页。

人口自然结构之一，劳动年龄人口比重越高，潜在的经济活动人口和负担年龄人口就越多。但是过去对于人口的计算存在严重偏差。在以后，认真深入地研究人口结构，必然是人口研究的重要方向。这篇论文也意味着，宋健已不再单纯地强调人口数量，而是在第五次人口普查数据已经公布的情况下，开始对于人口结构投入更多的重视。①

2002 年，宋健又在《人口与发展》杂志上发表重要论文《结构问题是 21 世纪中国人口的核心问题》。宋健指出，过去研究一直认为数量问题是 20 世纪中国人口问题的关键，其标志是决定人口数量的主要因素——生育率和死亡率都在 20 世纪经历了以人口转变为重要标志的历史性转折。虽然中国的人口数量问题并没有随人口转变的完成退出历史舞台，但其地位已发生改变。在 21 世纪，结构问题将变成中国人口问题的核心问题，并且分别表现在人口年龄结构、人口地域结构以及人口性别结构等诸多方面。人口数量问题不再是核心问题。以后的人口研究中，我们一定要对人口结构问题更为关注。②

田雪原是原中国社会科学院人口研究所所长，也是提出计划生育政策背后最重要的人口学家、宋健的重要合作研究者、中国人口学领域泰斗级的学者。1979 年开始，田雪原发表了一系列文章，从而拉开了中国人口政策变迁的序幕。1979 年 5 月，田雪原在《北京大学学报》上发表论文《控制人口是一项战略任务》，第一次明确指出控制人口对于国民经济的重大意义。由于学报的影响力还不够，1979 年 7 月 7 日，田雪原继续在《光明日报》上发表文章《调整是目前国民经济全局的关键》，强调了恢复发展经济的重大意义，也指出人口问题对于国民经济的重要性。紧接着，田雪原在 1979 年 8 月 5 日的《光明日报》上进一步发表文章《为马寅初先生的新人口论翻案》。马寅初的新人口论已经被批判了几十年，深入人心。田雪原这篇文章非常努力地为马寅初翻案，指出控制人口的重要意义，在全社会引起巨大的反响。

1980 年 2 月 1 日，田雪原在《人民日报》上发表文章《对人手论的

① 宋健：《中国人口结构面面观》，载于《人口研究》2001 年第 3 期。

② 宋健：《结构问题是 21 世纪中国人口的核心问题》，载于《人口与发展》2002 年第 1 期，第 26～30 页。

几点看法》，批评了过去唯人手论的论点，进一步解释说，人多并非一定有利于经济发展。在当前的情况下，控制人口反而有利于经济发展。在3月18日的《人民日报》上，田雪原又发表了一篇题为《关于人口老龄化问题》的文章，解释了为何在短期内不用过于担心人口老龄化，控制人口促进经济发展，可以有很多对于“养儿防老”的替代性解决方案。田雪原的这一系列文章，对新的人口政策进行了全面地论证，并对人们普遍存在的疑虑、潜在可能存在的问题都进行了解释。

1981年，田雪原与宋健、于景元、李广元合作，撰写了《人口预测和人口控制》一书。这本书指出，无数严峻的事实已经向人们反复表明，人口数量发展趋势、人口发展的控制，是关系到国计民生以及子孙后代究竟在什么样的环境中生活的重要问题。因而，人口问题日益引起人们的广泛注意。《人口预测和人口控制》一书，以马克思主义和现代控制论为理论基础，以系统工程、电子计算机这些现代科学技术成就作为方法和工具，研究社会人口的发展规律，为正确地制定人口政策提供了有力的科学依据。[①] 该书出版以后，引起了强烈的反响，很多人都撰文肯定它的价值。[②] 它不仅成为中国人口学研究的经典著作，也成为计划生育人口政策的最主要理论依据。

同时，田雪原也在《人口学刊》上发表题为《中国人口的现状和特点》的论文，这篇论文的原标题是《人口和计划生育》。田雪原的论文原本分为三个部分：（一）世界人口发展概观；（二）中国人口的现状和特点；（三）总结经验和制订人口规划。因杂志篇幅所限，只发表该论文的第二部分。在这篇论文里，田雪原根据不完整的统计调查数据，估计了当时中国人口的规模和发展趋势。从文中可以引申出，中国人口快速增长，对经济和社会都造成不小的压力，需要采用政策手段加以控制。[③]

同一年，田雪原在《社会科学辑刊》发表论文《从十亿人口出发建立发展国民经济的基本战略思想》。田雪原认为，我们是10亿人口、8亿

---

① 宋健、田雪原：《人口预测和人口控制》人民出版社1981年版。

② 吴开流、刘兆祥：《一部具有创新精神的学术著作——推荐〈人口预测和人口控制〉》，载于《人口与经济》1982年第6期，第52～58页。

③ 田雪原：《中国人口的现状和特点》，载于《人口学刊》1981年第4期，第35～40页。

农民的国家，所以必须根据中国这一特殊国情，建立发展国民经济的战略思想。具体而言，一是对人口多带来的困难要有足够的估计，在发展目标和发展速度上要量力而行、实事求是；二是为了满足众多人口对生活资料的需求，积累率不能太高，基本建设的规模不能过大；三是农业人口占的比例高，城市和重工业的发展规模要受到一定的限制；四是为适应大量新增加人口就业的需要，要有一个合理的所有制结构和经济技术结构；五是始终要坚持自力更生为主，争取外援为辅的方针。所有这些方针，必须反思和顾及中国 10 亿人口的现状。①

除此之外，田雪原认为，有必要在思想上解放思想，科学地思考马尔萨斯的思想。他在《人口与经济》杂志上发表论文，认为新中国成立以来，在极“左”理论干扰之下，不加任何区分地一概将控制人口、追求适度人口的思想说成是“马尔萨斯人口论的变种”，或者是垄断资产阶级服务的“反马克思主义学说”，甚至说成是一种实际上不存在的杜撰理论。这种批评并没有科学地对待过去对于人口的科学研究，也使得人口规模这个科学命题成为人口学“禁区”中的“禁地”，无人敢于讨论。适度人口是否存在？这是一个严肃的科学问题。如果它确实存在，从中国 960 万平方公里土地和现有资源约束出发，根据未来经济发展可能达到的速度和水平，中国的适度人口总量到底应该是多少？这既是一个理论问题，也是一个非常具体的实际问题，关系到百年后我们的子孙后代在什么样的环境中生活，达到什么样的生活水平。总体而言，这是一个具有战略意义的问题，我们必须予以关注。②

1982 年，田雪原所著《新时期人口论》出版。从书名就可以看出，田雪原希望继承马寅初的思想，再一次阐释控制人口对于中国社会的重要性。该书系统性地回顾了自新中国成立以来的人口理论，包括对马寅初的思想重新进行了评价。田雪原认为，在新时期，必须重新认识物质资料和人口之间的关系，计算劳动适龄人口与生产资料之间的比例，从而根据社

① 田雪原：《从十亿人口出发建立发展国民经济的基本战略思想》，载于《社会科学辑刊》1981 年第 6 期，第 46 ~ 52 页。

② 田雪原、陈玉光：《经济发展和理想适度人口》，载于《人口与经济》1982 年第 3 期，第 12 ~ 18 页。

会主义人口规律制定相应的人口政策。①

1986年，田雪原在《人口学刊》上发表论文《具有深刻历史意义的转变：建国35年来人口发展的回顾与展望》。田雪原认为，中华人民共和国成立35年来，人口发展经历并且正在经历着一场伟大的历史转折。认识和研究这种转折，探索它的规律性，对于全面地解决中国在新的历史时期所面临的人口问题，建设具有中国特色的社会主义，有着现实的意义。关于人口的再生产类型，一般认为，可以划分成高出生、高死亡、低增长型，高出生、低死亡、高增长型和低出生、低死亡、低增长型三种。这三种基本类型，同社会、经济、文化的发展都有着密切的关系。新中国成立以来，随着死亡率降低，经济增长的速度也有放缓的趋势，再生产类型发生了改变，人口政策也必须随之改变。只要人口的出生率降下来，就有可能维持经济增长速度不掉甚至继续上升。这对于中国人民具有重大意义。②

1987年，田雪原在《人口与经济》上发表论文《源于实践，高于实践：纪念马寅初〈新人口论〉发表30周年》。田雪原回忆说，30年前，在马寅初先生的《新人口论》发表之后，曾掀起过一场轩然大波，该文章及马寅初本人都遭到了严厉地批判。30年后，由浙江省人口学会、《人口与经济》编辑部等五单位联合发起召开的纪念马寅初逝世5周年的人口理论座谈会，却在他的家乡绍兴举行。纪念马寅初先生的活动已不止一次，在他60岁和100岁寿辰的时候，都曾举行过不同形式的庆贺活动。那么，我们纪念他什么，学习他什么呢？毫无疑问，最重要的就是继承他的人口思想，继承他坚持真理、调整权威的精神。在田雪原看来，马寅初的《新人口论》中的控制人口的观点，放在今天社会中仍极为重要，必须要为更多人所了解和宣传。③

1989年，田雪原在《经济研究》杂志上发表了题为《人口和经济发展战略》的重要论文。田雪原指出，江泽民同志在国庆40周年重要讲话

① 田雪原：《新时期人口论》，黑龙江人民出版社1982年版。

② 田雪原：《具有深刻历史意义的转变——建国35年来人口发展的回顾与展望》，载于《人口学刊》1986年第3期，第3～10页。

③ 田雪原：《源于实践高于实践——纪念马寅初〈新人口论〉发表30周年》，载于《人口与经济》1987年第5期，第4～6页。

中，重申了中国社会主义现代化建设分 3 步走的战略目标，并将严格控制人口增长、提高人口素质列为实现这个战略目标过程中至关重要的问题之一。田雪原认为，我们应该对中国人口在经济发展战略中的地位、制约作用引起足够的重视。最主要的问题有：人口、基本国情和发展方针、发展目标。中国历来以地大物博、人口众多著称于世，但人口众多却未必始终有利于经济发展。尤其是在人口对于经济发展的制约作用逐渐体现出来以后，控制人口就应该成为和发展经济并重的战略目标。计划生育已经执行了 10 余年，在实践中取得巨大的成就，这种政策仍应当坚决贯彻，从而保证经济进一步健康发展。①

田雪原十分注重对政策的历史检验和反思。1990 年，他在《中国人口科学》上发表论文《三次人口浪潮的冲击和相应的宏观决策研究》。田雪原认为，新中国成立以后，20 世纪 50 年代曾有一次短暂的生育高潮。而 1962 ~ 1973 年，则是中国历史上最重要的生育高潮。这股高潮导致中国在 80 年代又一次迎来人口高潮，并将一直延续到 90 年代中期。而应对人口高潮和生育高潮，宏观经济上应该做好充分准备，政策上加以引导。人口高潮会对中国经济产生很大的压力，绝不能掉以轻心。②

以田雪原为代表的主流人口学界和经济学界，直到 20 世纪 90 年代仍然支持计划生育、主张对人口进行比较严格的控制。可是此时，已有不少学者对当时中国人口总量和生育政策进行了研究，并且提出了与主流计划生育政策不完全一致的看法。如 1999 年，陈友华发表了《中国生育政策调整问题研究》一文，从内容、可行性、合理性等方面对现行生育政策重新进行了审视，讨论了政策调整所涉及的生育意愿与生育意愿调查、人口控制目标及其与生育政策之间的关系等相关问题，从是否需要调整、调整幅度和如何调整三方面对中国生育政策的调整问题进行了深入的分析，并提出了自己的一些对策建议。③

1999 年，陈卫和孟向京对中国计划生育率的下降以及计划生育政策的

---

① 田雪原：《人口和经济发展战略》，载于《经济研究》1989 年第 12 期，第 22 ~ 24 页。

② 田雪原：《三次人口浪潮的冲击和相应的宏观决策研究》，载于《中国人口科学》1990 年第 1 期，第 1 ~ 7 页。

③ 陈友华：《中国生育政策调整问题研究》，载于《人口研究》1999 年第 6 期，第 21 ~ 27 页。

效果进行了评估研究。[①] 2000 年，郭志刚在《中国人口科学》上发表题为《中国 90 年代的生育水平分析：多测量指标的比较》的文章，将 1997 年中国人口与生殖健康抽样调查的生育率统计结果与 1992 年中国生育率抽样调查的统计结果进行了一致性比较检验，应用 3 个不同生育指标对 20 世纪 90 年代生育水平及其变化原因进行了分析。去进度效应总和生育率指标显示，终身生育水平的下降其实是一个相对均匀变化的过程，常规生育率指标在 90 年代初的急骤下降及后来所达到的极低水平很大程度上是由生育年龄变化影响所致。[②] 所以，在 90 年代末期，已有一些学者开始认真研究计划生育的实施效果，甚至对改变计划生育政策作出一些构想。

田雪原的研究逐渐转向老龄化等更具体的人口问题，但他仍然对人口总量问题保持着浓厚的兴趣。1993 年，田雪原在《中国社会科学》杂志上发表重要论文《市场经济体制下的人口控制》。他运用微观人口经济学的孩子成本——效益理论，结合改革开放以来的中国新经验新情况，对社会主义市场经济体制下的人口控制机制作了多层面的探讨。该文认为，适应新体制的要求，在微观上，要增大独生子女和计划内生育子女的效益，同时增大超生子女成本，提高脑力劳动者的物质待遇和收入水平，以加大利益调节分量和建立利益调节型人口控制机制；在中观上，要通过发展社区经济、文化和服务，从根本上改变孩子成本——效益作用的客观条件，使之向有利于生育率下降方向倾斜，同时改变人们的生育观念，落实人口政策，以实现人口控制与家庭生育行为利益选择的对接；在宏观上，要在人口政策、发展战略方针、管理机制与措施、人口科学研究与宣传等诸方面，增强政府宏观综合调控的能力。所以，田雪原意识到人口政策和相关的经济政策需要从技术层面上做出一些调整。但是在方向上，仍然要注重人口总量的控制。[③]

同时，田雪原也更为注重在已经发生改变的经济结构之下分析人口总

---

① 陈卫、孟向京：《中国生育率下降与计划生育政策效果评估》，载于《人口学刊》1999 年第 3 期，第 10～16 页。

② 郭志刚：《中国 90 年代的生育水平分析——多测量指标的比较》，载于《中国人口科学》2000 年第 4 期，第 11～18 页。

③ 田雪原：《市场经济体制下的人口控制》，载于《中国社会科学》1993 年第 6 期，第 57～68 页。

量和人口结构问题。他在《中国人口科学》上发表论文《论人口与国民经济的可持续发展》，认为人口与可持续发展作为世纪转换之际的最重要命题，应提到包括学术界同事在内的世人面前。该文以为，人口与国民经济的可持续发展是全部可持续发展的基础，它的基本支撑点在于寻求总体人口与生活资料、生产年龄人口与生产资料、人口质量与经济技术进步、人口老龄化与养老保险、人口城市化与产业结构合理化、人口地区分布与生产力合理布局的可持续发展。结合中国实际，提出谋求人口与国民经济可持续发展的基本思路。①

1997 年，田雪原出版了一本科普性质的著作——《大国之难：当代中国的人口问题》。这本书涉及中国人口总量、人口结构、粮食问题、移民问题、环境问题等一系列与人口相关的议题，深入浅出，影响非常大。该书再一次提醒社会，人口问题始终是经济和社会中的核心议题，即将迈入 21 世纪的时候，仍然如此。人口政策的细微变动，也会对整个社会产生巨大的影响。②

2000 年中国第五次人口普查（以下简称“五普”）结果公布，诸多人口学者对于五普数据进行了分析和解读。很多学者注意到，中国人口出生率远远低于预期，所以提出应该重视这个问题，并且对已经执行 20 年的计划生育政策做出一些调整。在 2000 年以后，田雪原自己的研究主要转向了老龄化问题研究，而不再专注于对于人口总量的研究。田雪原在很长一段时间内仍然主张继续坚持现有的计划生育政策，但在看到 2000 年五普数据以及后来不断涌现的一些证据后，在 2010 年前后也已逐步改变原有的立场，支持有条件地开放二孩生育。

2009 年，田雪原撰写了《中国人口政策 60 年》一书。在这本书里，田雪原通过亲身经历，介绍了中国人口政策的制定背景、影响因素、预期结果等，试图消除人们对中国计划生育政策的误解。田雪原延续《大国之难》的思路，继续探讨了人口与经济关系中总体人口与消费、劳动年龄人口与就业、人口老龄化与社会保障、人口素质与科技进步、人口城市化与

① 田雪原：《论人口与国民经济的可持续发展》，载于《中国人口科学》1995 年第 1 期，第 1～8 页。

② 田雪原：《大国之难：当代中国的人口问题》，今日中国出版社 1997 年版。

产业结构、人口地区分布与生产力布局、人口与资源、人口与环境、人口与社会发展的矛盾和问题等。田雪原表示，自己多年来对于人口问题的研究，结论是否科学和准确，将有待于历史的检验。①

除了宋健和田雪原之外，中国人民大学的翟振武教授也一直主张严格的计划生育、反对放开二孩。他也一直是计划生育政策背后的主流学者。

翟振武从20世纪80年代开始研究中国的人口问题，尤其是在人口统计技术方面，做出许多重要的学术贡献。1987年，他在《人口与经济》杂志上发表论文《中国人口年龄误报的现象与特点》。他认为，由于中国人传统的十二生肖属性的风俗有助于记忆自己准确的出生年份，国内外人口学家一般都公认中国人的年龄报告是准确的，各种人口调查资料中有关年龄的项目也是可信的。也正因如此，我们很少能见到研究中国人口年龄误报问题的论文，各种调查报告中，也缺少年龄报告准确度的评价。我们总认为人口调查结果就是准确的。与世界其他一些国家相比，中国人口的年龄报告确实比较准确，但这绝不意味着中国不存在年龄误报，也并不意味着人口学家可以忽略这方面的检查与质量控制。翟振武对中国人口误报的分析，对于提高人口普查质量，提高人口学界的分析精度，具有重要的意义。②

同一年，翟振武在《人口研究》上发表论文《对中国1953～1964，1964～1982年生命表指标的估计》。生命表在人口数量关系的研究中占有十分重要的地位。生命表上的各指标不仅综合地反映了一个人口的死亡水平和模式，它还是进行人口动态模拟与预测的基本数据之一。因此，估算和编制人口在各个时期的生命表，始终是一项重要的工作。但是，由于中国的死亡登记制度在广大农村地区还很不完善，人们一直无法得到20世纪50～70年代的较准确的分年龄死亡率。翟振武通过比较新颖的人口研究工具，对中国50～70年代的生命表指标进行了估计，从而可以推算出中国在这些年里的人口结构变化，对于人口史和当前人口问题研究都具有

---

① 田雪原：《中国人口政策60年》，社会科学文献出版社2009年版。

② 翟振武：《中国人口年龄误报的现象与特点》，载于《人口与经济》1987年第2期，第33～36页。

重要的意义。[①]

此后，翟振武又发表了一系列关于人口研究工具的论文。如 1988 年，他在《人口研究》上发表了文章《简略生命表中 A 值的研究》。[②] 他又在《人口学刊》上发表了实证研究论文《中国 1981～1987 年人口死亡水平及模式的变化趋势》。这是一篇重要的实证研究，因为中国在 20 世纪 80 年代及过往的人口普查中还存在许多问题，需要人口学者在实证中加以分析。继 1982 年第三次全国人口普查后，国家统计局又组织了 1987 年全国 1% 人口抽样调查（简称“小普查”）。两次调查的问卷都包括了有关死亡人口的项目，所以可以相互参照。

1982 年人口普查资料公布后，中国人民大学人口所信息处理室计算了全国及各省 1981 年生命表，发表在《人口研究》1987 年第 1～4 期。1988 年，国家统计局公布了 1987 年 1% 抽样调查结果，包括了 1987 年中分年龄人口数和 1987 年上半年分年龄死亡人口数。根据这些资料，我们可以估计出 1987 年全国生命表。然后，将 1981 年和 1987 年生命表加以对比，分析出中国自 1981～1987 年间人口死亡水平从死亡模式的发展变化趋势。[③]

基于以上大量实证工作，翟振武与路磊合作，于 1989 年出版了《现代人口分析技术》一书。[④] 这是中国第一本高级人口分析方法方面的专业教材，在人口学界具有很大的影响力。此后，翟振武在 2000 年主编出版的《人口学专业课程教学大纲》创建了完整的课程和教学体系，成为中国人口学教学和学科体系发展过程的一个里程碑，并因此获得第一届中国人口科学优秀成果一等奖。

翟振武从一开始就主张计划生育，进行人口控制，并对于计划生育中可能面临的问题进行了深入的研究。1991 年，他在《人口研究》上发表论文《创造有利于人口控制的社会经济环境》。翟振武认为，从 20 世纪

---

① 翟振武：《对中国 1953—1964 年，1964—1982 年生命表指标的估计》，载于《人口研究》1987 年第 1 期，第 22～29 页。

② 翟振武：《简略生命表中 a 值的研究》，载于《人口研究》1988 年第 3 期，第 40～44 页。

③ 翟振武：《中国 1981—1987 年人口死亡水平及模式的变化趋势》，载于《人口学刊》1989 年第 2 期，第 12～19 页。

④ 翟振武、路磊：《现代人口分析技术》，中国人民大学出版社 1989 年版。

70年代大规模开展计划生育工作以来，至今已有20年了。前10年，工作顺利，成绩显著；后10年，生育率停滞、波动，甚至回升反弹，计划生育，特别是农村的计划生育工作，成了最难办的事之一。为什么计划生育工作如此艰难？就因为计划生育政策的要求与农民个体利益之间有尖锐的矛盾，农民也不愿意按政策要求约束自己的生育子女数量。要真正解决这个问题，就要求全社会都要正视这个问题，尽力创造一个有利于计划生育和人口控制的社会经济环境。①

翟振武擅长大规模、长时段地运用最新统计研究方法来研究人口变化趋势。例如1991年，他在《人口研究》上发表论文《中国农村人口增长的经济机制（1949～1979）》。翟振武认为，新中国成立后的30年间，中国农业人口在总人口比重中始终占到80%以上，这个简单事实的人口学含义是清晰的：中国人口增长变化的历史性进程，基本上是由农村人口的增长变化决定的。总体而言，农村经济运行对人口增长的刺激大于对人口增长的抑制。所以，促进中国农村经济的增长，就会自然促进中国人口的增长。②

2000年，就在第五次人口普查数据公布之后，翟振武在《人口研究》上发表论文《中国第五次人口普查公报透视》。中国人口占世界人口的1/5，在这样一个国度里进行人口普查，本身就是一个具有世界意义的大事件。最近20年来，随着经济体制改革的深入发展，中国目前正处在一个从计划经济向社会主义市场经济转型的特殊历史阶段。在转型期间，经济社会等各方面发生了巨大的变化，人口也是如此。中国以前的普查都是在计划经济的条件下进行的，2000年的普查却是第一次在市场经济条件下进行，它的艰难程度和技术要求远远超过前4次普查。因此，这次普查过程和普查公报的发表格外引人注目。通过对第五次人口普查数据的分析，翟振武认为，中国人口数量仍然处于一个较高水平，仍然需要在总量上加以控制。过去的计划生育政策已经起到良好的效果，而且它尚未完成历史

① 翟振武：《创造有利于人口控制的社会经济环境》，载于《人口研究》1991年第6期，第5～6页。

② 翟振武：《中国农村人口增长的经济机制（1949—1979）》，载于《人口研究》1991年第4期，第2～10页。

任务，在未来的很多年里仍然应该继续推行。中国的人口政策是一项基本国策，在中国经济正常发展阶段，不应该轻易变动。[①]

2001 年，翟振武又在《人口研究》上发表论文《中国人口规模与年龄结构矛盾分析》，进一步阐释自己的观点。翟振武针对中国人口规模与年龄结构的矛盾，对老年人口规模与人口老龄化关系、提高目前生育率的结果、抚养比的实质内容、“四二一”家庭的影响以及如何协调人口总量控制与人口年龄结构调整双方矛盾等问题进行了深入分析，明确提出了“总量第一、结构第二”的观点和论据。[②] 当然，翟振武的观点也受到一些挑战。如李建新也在《人口研究》上发表论文，认为应该将人口的数量与结构并重，而非强调数量第一。[③] 不过总体来看，翟振武的观点代表了当时的主流观点。

同时，翟振武也在《中国人口科学》上发表了题为《人口问题本质上是发展问题》的论文，对自己“数量第一”的观点作了进一步的阐释。翟振武分析了中国人口问题产生和变化的原因，从理论和实践两个方面探讨了解决人口问题的“人口方案”与“经济方案”的相互联系。从长期的角度分析人口增长影响的结论不能盲目应用到时期性的人口政策设计上。该文对中国人口问题进行分析并得出两个基本结论：第一，中国人口数量过多，必须坚定不移地实行控制人口的政策；第二，中国人口问题的最终解决不能仅依赖人口总量的缩减，而主要应依赖发展，因为人口问题本质上是发展问题。在人口控制潜力基本释放殆尽的新的历史条件下，第二个结论可能更重要。[④]

2002 年，翟振武应《人口研究》杂志的邀请，评论了李小平、李建新、刘爽三位学者的论述，以《中国人口数量：究竟多少亿才合适》为题在《人口研究》杂志上发表。三位学者的观点并不一致，有的主张继续控制人口，有的则主张应当适当地放开过于严格的生育政策，避免人口出生

---

① 翟振武：《中国第五次人口普查公报透视》，载于《人口研究》2001 年第 3 期，第 26 ~ 39 页。

② 翟振武：《中国人口规模与年龄结构矛盾分析》，载于《人口研究》2001 年第 3 期，第 1 ~ 7 页。

③ 李建新：《也论中国人口数量与结构问题——兼与翟振武教授等商榷》，载于《人口研究》2001 年第 5 期，第 18 ~ 27 页。

④ 翟振武：《人口问题本质上是发展问题》，载于《中国人口科学》2001 年第 1 期，第 9 ~ 14 页。

率偏低对人口的影响。翟振武并没有明确表达自己的观点。在他看来，这个问题仍只处于学术探讨阶段，尚未能成熟地影响当时的人口政策。①

2005年，翟振武在《人口研究》上发表了一篇名为《定义人口安全》的论文。他认为，人口安全是中国学者提出的概念，它不同于人类安全。人口安全是非传统安全领域中的一个范畴，它的内涵中，应该既包括人口这个主体自身发展变化的安全，也包括以人口因素来保障另一客体的安全、使另一客体的安全不因人口的种种问题而受到威胁的内容。讨论中国应当采取的人口政策时，应该考虑使用人口安全这样的概念，对人口偏高或偏低可能带来的影响采取综合性的评估决策。②

而在这个时期，对于中国生育率可能偏低、反思计划生育的呼声已逐渐变得强烈。2005年，翟振武在《市场与人口分析》杂志上发表论文《中国综合生育率水平究竟有多高》。翟振武认为，过去的30年，中国社会经历了极其深刻的历史性变化。其中，两项指标的变化具有标志性的意义。一个指标在经济方面，中国人均GDP翻了两番以上，人民群众的生活水平有了飞跃式的提升；另一个指标在人口方面，中国有着几千年传统生育观念，并且是世界第一人口大国，可是仅仅用二十几年的时间就实现了“生育革命”，总和生育率从20世纪70年代的6.0左右快速下降到90年代的更替水平以下，创造了世界人口史上的一个奇迹。但是，中国的总和生育率水平并没有降低到威胁人口安全的地步，历史证明有效的计划生育政策有助于中国进一步保持高速的经济增长。③

同一年，翟振武与李建新合作编辑出版了《中国人口：太多还是太老》一书。翟振武与李建新对于人口规模的认识并不一致，而这本书也非常好地收罗了学界各派观点，相互印证。该书所涉及的问题包括：未来30多年中国人口规模的继续增长是否仍然构成中国发展的最重大挑战？已经降到更替水平的生育率是否还需要继续下降？当前中国人口结构问题是否

① 翟振武、李小平、李建新、刘爽：《中国人口数量：究竟多少亿才合适》，载于《人口研究》2002年第4期，第40～53页。

② 翟振武、明艳：《定义“人口安全”》，载于《人口研究》2005年第3期，第40～96页。

③ 翟振武：《中国总和生育率水平究竟有多高》，载于《市场与人口分析》2005年第6期，第23～25页。

已经取代人口规模而成为中国人口的首要问题？老龄化会成为压垮 21 世纪中国社会新的“人口”包袱吗？中国人口究竟是太多还是太老？作为世界第一人口大国，中国的人口规模问题不仅是人口学家的研究对象，而且也一直是历代政治家和学者们高度关注的热点。近些年来，随着生育率跌至更替水平以下，中国人口规模问题又与人口结构问题交织在一起，变得更加扑朔迷离，一时间竟成为世纪之交人口学界争论的新热点。该书坦率、犀利和针锋相对，充满了开门见山的质问、指名道姓的批评。尽管各方争论激烈，但我们完全可以肯定，争论各方的目的都是共同的，那就是寻求规律，探索真理。①

宋健、田雪原和翟振武都是 20 世纪 80 年代支持计划生育的主流学者。但是与此同时，学界也有一些学者始终反对“一胎化”的计划生育政策。梁中堂是早期反思中国人口政策的重要学者，甚至可以说，他从计划生育政策推出伊始，就持反对态度，一直坚持了 30 多年。② 本章上一节中，我们已经讨论过梁中堂对于“一胎化”计划生育的主要批评意见。本节中，我们将更全面地回顾梁中堂在计划生育政策执行期间的思想变化历程。

1979 年，梁中堂进入山西省社科院工作。他一开始就认为计划生育政策可能会对中国社会和经济造成巨大的负面影响，因此提出“晚婚晚育及延长二胎生育间隔”的替代性方案。但是梁中堂的方案当时并没有受到重视。

不过在他的坚持呼吁下，当时的国家计生委和山西省委批准，选取山西南部翼城这个小县城作为试点，允许一对夫妇生育二孩，但必须晚婚晚育且二孩之间有间隔。这是一个重要的实验地区。20 多年后，顾宝昌教授领导的团队进行调研，翼城经验为人口学界提供了非常宝贵的事实经验。后来还有其他一些地区也陆续成为实验区，但 1991 年，有关部门强调贯彻施行现有一胎化政策，其他试验区都被取消，只有翼城得以保留。

1988 年，梁中堂出版了《中国人口问题的热点：人口理论、发展战

---

① 翟振武、李建新：《中国人口：太多还是太老》，社会科学文献出版社 2005 年版。

② 甄静慧：《梁中堂：推动“二孩政策”的先行者》，载于《晚晴》2016 年第 3 期，第 38～39 页。

略和计划生育》一书。在这本书里，梁中堂系统地介绍了当时中国学界对于人口问题的主要关心问题，以及推行计划生育政策的背景。但同时，他也明确地表达了自己在人口问题上与主流观点不同的地方。①

1997 年，梁中堂在《中国人口科学》上发表论文《山西省翼城县晚婚晚育加间隔生育政策实施的人口学分析》。梁中堂认为，从 1985 年中开始，山西省翼城县开始试行在晚婚晚育和延长二孩生育间隔的基础上允许农民生育两个孩子的办法。该文以 1990 年第四次人口普查和其他有关数据资料为依据，采用历史的和地区的对比方法，对山西省翼城县“晚婚晚育加间隔”生育政策试点的实施效果进行分析，翼城县农村实行农民生两个孩子，总的人口控制效果比普遍提倡只生 1 个孩子还要好。所以可以从中推论，严格的计划生育政策并非唯一可以选择的人口政策，“晚婚晚育加间隔”等替代性政策也应纳入政府的考量范围。②

1999 年，梁中堂在《中共山西省委党校学报》上发表论文《论生育政策的调整》。在这篇论文里，梁中堂与两位合作者对中国生育政策的历史演变进行了全面的考察。他们发现，中国现行生育政策的形成经过了一个长期的过程，仍处在不断完善之中。该文从纵向考察了现行生育政策形成的历史，又横向考察了地区间具体生育政策的差异，在此基础上对生育政策调整的有关问题进行了理性思考，并对现行生育政策调整中的有关疑虑作了相应的解释。③

2000 年，中国第五次人口普查结果公布。梁中堂在《中国人口科学》上发表论文《2000 年中国人口总量和妇女生育率水平研究》。梁中堂认为，2000 年中国的人口总量和妇女的生育率水平是 20 多年来人口学界一直关注的课题。2000 年普查登记人口为 124261 万，比 1999 年和 1998 年年度统计公报的人口还要少，说明人口漏报问题已经达到中国人口统计体制无法包容的程度。该文按照中国历年小学招生数计算出 2000 年普查时

---

① 梁中堂：《中国人口问题的“热点”：人口理论、发展战略和生育政策》，中国城市经济社会出版社 1988 年版。

② 梁中堂、谭克俭：《山西省翼城县“晚婚晚育加间隔”生育政策实施效果的人口学分析》，载于《中国人口科学》1997 年第 5 期，第 1～10 页。

③ 梁中堂、谭克俭、景世民：《论生育政策的调整》，载于《中共山西省委党校学报》1999 年第 4 期，第 33～36 页。

0～16 岁人口漏报 5378 万。据此，2000 年中国人口普查时的总人口应是 13.0885 亿（假设在调查过程中存在 1.81%漏报率）或者 12.9889 亿（忽略 1.81%漏报率）。按照 2000 年普查公报人口 12.6583 亿计算，1982～2000 年中国妇女平均生育率接近 2.3；如果按照文中提到的 13 亿左右的人口计算，同期妇女则平均生育了 2.3 个以上的孩子。这个水平略高于人口的自然更替率，但也高得并不多。①

当然，学界对于梁中堂研究的人口数据也有一些疑虑。如钟水映就在 2004 年的《中国人口科学》上发表论文与梁中堂商榷。钟水映直接表示，中国人口总数问题，是一个重大而严肃的课题，几个百分点的推算误差得出的研究结论就会产生很大的绝对数量差异。在这一问题上，不应该对人口普查事后质量抽样调查抱有偏见，更不应该用资料不充分、方法不精细、结论不可靠的研究来重估中国人口数量。所以，对于梁中堂的研究结论仍需谨慎对待。②

2006 年，梁中堂发表题为《现行生育政策研究》的论文，对当前阶段计划生育政策所起到的效果提出了批评。他认为，现行生育政策最初是在 1982 年中央“11 号文件”中提出来的。它对于纠正从 1978 年开始提出并逐渐形成的“一胎化”生育政策的偏差，起到一定的积极作用。但是，在控制人口效果方面，现行生育政策对于抑制农村妇女的早婚早育和多胎生育、调节和疏导中国第三次生育高峰却没有多少实际意义。相反，由于现行生育政策同广大农民的生育意愿之间的差距过大，在长期执行过程中一直在给农民造成巨大的伤害，所以，迅速改变现行生育政策，彻底纠正“一胎化”生育政策给社会稳定带来的隐患，是一件刻不容缓的事情。③

2009 年，呼吁开放二孩生育、改变计划生育政策的呼声已经很响。梁中堂在《兰州商学院学报》上发表重要论文《新中国 60 年的计划生育：两种含义和两个 30 年》，对中国计划生育历史进行了全面总结。梁中堂非

① 梁中堂：《2000 年中国人口总量和妇女生育率水平研究》，载于《中国人口科学》2003 年第 6 期。

② 钟水映：《对中国人口总量统计误差的研究应该慎之又慎——兼与梁中堂教授商榷》，载于《中国人口科学》2004 年第 2 期，第 74～78 页。

③ 梁中堂：《现行生育政策研究》，载于《人口与发展》2006 年第 5 期，第 50～57 页。

常精辟地指出，计划生育是毛泽东在1956年前后所创造的一个新词汇，意指计划经济中与政府生产计划相联系的家庭生育计划。经过几十年的演变，计划生育常常在两种含义上被使用：一是工业革命以来逐渐盛行的避孕和节制生育；二是指目前中国实行的政府根据计划或政策向各个家庭分配生育指标的现行计划生育制度。而截止到2009年，新中国60年的计划生育恰好可以按照这两种不同含义划分为前后两个30年，第一个30年即1949～1979年，是中国逐步建立和强化社会主义计划经济体制时期。新生政权将随着工业化的发展出现的避孕和节育要求，视作人民群众的生活需要和民主权利，积极调整和改变传统的相关限制性的规定，并在群众自愿的基础上逐步建立起国家公开倡导和支持的避孕和节制生育制度。第二个30年即1979～2009年，是党和政府开始反省并摸索改革和改变计划体制，寻求向市场经济过渡的历史时期。本来是计划经济体制内在性的因素决定无法实现社会稳定和持续发展，人们却受制度和意识形态的限制从束缩经济社会发展的体制以外寻找解决问题的办法。在急于实现四个现代化和希望尽快把人口增长速度降下来的思想支配下，人们继续沿着计划经济的思维并进一步强化了毛泽东有关计划生育的设想，要求居民生育必须符合计划，迅速建立起由政府决定居民生育行为的现行计划生育制度。①

2000年以后，中国一直缺乏后续的高质量人口数据。虽然有很多学者观察到总和生育率显著下降的很多特征，但缺乏有效数据支持。2011年，第六次人口普查数据终于公布，结果比很多专家学者预想的还要悲观。梁中堂在《瞭望》杂志上发表文章《中国还是低生育率国家吗》，呼吁民众改变观念，直视中国低生育率现状和潜在的人口危机。他认为，人总是处于生育、死亡和迁移的变动状态中，无论在一个地区或者国家范围内随时把握人口的变化都是很不容易的。因此，人口的实际状态往往和人们的感觉存在较大出入。中国的最新调查数据和人们的感觉截然相反，预示着中国已出现一定的人口危机，急需改变现有推行30多年的计划生育政策，放开二孩，促进人口增长。②

① 梁中堂：《新中国60年的计划生育：两种含义和两个30年》，载于《兰州商学院学报》2009年第6期，第1～13页。

② 梁中堂：《中国还是低生育率国家吗》，载于《瞭望》2011年第19期，第28页。

2013 年末，中国终于宣布放开单独二孩，改变了延续几十年的严格一胎计划生育政策。同时，梁中堂教授的《中国生育政策研究》也正式出版。该书收录了梁中堂教授 1979~2003 年在中国生育政策研究方面的 74 篇论文，其中包括《对中国今后几十年人口发展战略的几点意见》《论中国农村人口发展战略》《关于晚婚的几个问题》等曾经产生重大影响的文章。该书既是对中国 30 多年计划生育政策的全面描述，也是梁中堂教授 30 多年来反思计划生育的证明。①

① 梁中堂：《中国生育政策研究》，山西人民出版社 2014 年版。

第六章

计划生育思想反思时期：2000~2013年

第一节　中国人口状况的认识

计划生育自1980年正式提出以来，一直得到有力的执行。到了2000年，计划生育政策已经执行了20年。一孩化的计划生育作为一项基本国策，可谓深入人心。但是越到后期，人口学界对于“一孩化”计划生育政策的批评就越是常见。2000年以后，很多学者和有关部门都在思考计划生育政策的改变方向。

站在2000年这个时间点来看，执行20多年的“一孩化”计划生育政策的基本框架大致如下。

第一，中国计划生育制度的主要目的是降低生育率和进行人口控制，是实现人口转变的制度工具。

第二，计划生育制度的实施主要依靠行政化政策和生育许可对生育开展直接管理，通过行政政策管理家庭生育的数量、生育的时间间隔。

第三，计划生育制度的内容主要在于专业性的避孕节育服务、药具技术服务、实施事后补救的人工流产、开展妇幼健康等专业服务。计划生育的专业技术服务，构成了与生育关联的独立的健康服务系统，最初独立于卫生部门之外，目前则基本和国家卫生医疗服务体系实现了内在的整合。

可以说，这个框架在1980～2000年间，发挥了巨大的作用。无论是人口学界还是中央部门，都在思考2000年以后应当采用的人口政策。2004年3月10日，胡锦涛在中央人口资源环境工作座谈会上发表了重要讲话。他在讲话中指出，中国人口过快增长的势头得到有效控制，妇女总和生育率稳定在更替水平以下，而提高人口素质的任务更十分艰巨。针对中国出生人口性别比例、人口老龄化日益突出的问题，讲话提出了人口增长要考虑中国可持续发展，特别强调“坚持以人为本，全面、协调、可持续的发展观”，是我们的“重大战略思想”，是“执政兴国的第一要务”。胡锦涛的讲话，标志着中国实行了多年的计划生育政策出现了一些方向性转变，这一点非常值得重视。

同时，在计划生育执行过程中，可能存在一些强制性手段，比较粗暴。它的执行过程也受到国内外的广泛关注。2004年7月15日，人口计生委副主任赵白鸽在国务院新闻办举行的新闻发布会上答记者问。当时有记者提问："国际上有很多的批评，都是针对计划生育政策的，都认为计划生育政策有侵犯人权的意向。我想知道，实行计划生育政策的人是出于自愿的还是被强迫的，还是义务性的性质?"赵白鸽以政府发言人的身份回答，他们是自愿的。2004年12月21日中国外交部发言人刘建超在举行的例行记者会上答记者问时也说，"具体谈到堕胎问题，有关政策均明令禁止强行堕胎，在有关政策实施方面，我们也坚持严格执法。如果大家发现有强行堕胎，可以向中国有关部门或公安部门举报，违法案件将得到妥善处理"。所以，计划生育政策在执行过程中可能存在不少问题，国内外有很多人对此提出质疑。中国政府对这个问题仍然是重视的。

同时，在人口学界和计划生育系统，对于"一胎化"计划生育政策必要性的质疑也越来越强烈。从20世纪80年代中期开始，就有一些学者建议放开二孩生育。梁中堂、马瀛通、穆光宗都可以算是其中的代表性人物。到了2000年以后，这几位学者继续坚持宣传放开二孩的必要性，在报刊网站上发表了大量文章专著。除了这些学者以外，北京大学郭志刚教授、穆光宗教授、曾毅教授，以及在美国工作学习的易富贤等诸多学者也发表类似的建议。特别是易富贤所著的《大国空巢》一书，提出不仅要放开二孩，而且主张全面放开生育，并对中国计划生育政策作了系统性的批判。这本书在社会上产生了重大的影响。

所以在2000年前后，已有相当一批人口学家在自己的研究过程中逐渐意识到，应尽快研究生育政策调整问题，尽快改变已经执行多年的"一胎化"计划生育政策，并提出了改变生育政策研究的具体设想。

站在当时的时间节点，回顾中国过去50年的人口政策，可以发现这样一些人口学上的重要特征事实。

1949年之后，由于医疗卫生等方面得到长足的发展，中国死亡率急剧下降，寿命显著延长，预期寿命从1949年的35岁延长到1976年的65岁、1980年的68岁（接近当时发达国家水平），再到2000年的72岁；而世界平均预期寿命只从1949年的47岁延长到1976年的58岁、2000年的67

岁；而印度预期寿命直到2000年都还不到64岁，还处于比较低的水平。就是说中国寿命延长明显快于世界平均水平，更是远远超过同等发展水平国家。1970～1975年，中国预期寿命比韩国长0.6岁，2000年则比韩国短5.4岁，但随着中国经济快速发展，这个差距又会缩短。

根据联合国的数据测算，1950年中国人口占世界人口的22%，1975年上升到22.7%。1986～1990年，中国育龄妇女年平均人数达到2.98亿；1991～1995年，该人数又增加了8.1%，年平均达到3.22亿人左右。假如不推行计划生育，那么2000年时中国人口占全球人口的比重将上升至25%。正是因为卓有成效的人口控制，所以1990年中国人口只占全球人口的21.5%，预计这一比例今后还会有所降低。

没有计划生育的话，1972～1979年只能维持在4.5左右的生育率，这样的话，比实际人口增加6000万。换句话说，20世纪70年代的计划生育使新生儿人数减少6000万[①]。假设这6000万人，到了2000年都结婚生子，然后1980年到1989年以2.75的生育率推算，1990年到2005年以2.1的生育率推算，性别比以105∶100推算，那么从1972年到2005年应该出生8.67亿人，比人口普查和抽样调查出生的6.38亿人多出2.3亿人口。按照这种分析逻辑，从1972年开始的计划生育到2005年为止共减少2.3亿人口。由于2005年底的13.0756亿人口可能存在比较大的误差，存在数千万的偏差，那就意味着即使没有计划生育，2005年也不会存在15亿人口。

计划生育政策实行30年，这一政策在控制人口过快增长、改善人民生活方面，取得了巨大成绩，但同时，也越来越显示出它负面的影响，主要有人口老龄化加剧，出生人口性别比畸高，劳动力可能出现短缺等。尤其是城市家庭只准生育一个孩子，可能会给中国社会带来许多意想不到的后果。正如一些人口学家所说，独生子女家庭本质上是风险家庭，独生子女社会本质上是风险社会。除了独生子女没有兄弟姐妹一起玩乐，其自然成长的天性受到压抑，不利其健康成长外，以独生子女为主的人口结构在就业、保障、发展模式、社会伦理乃至国防方面，都可能产生消极影响。

---

① 《中共中央、国务院关于进一步做好计划生育工作的指示》。

从统计数据来看，1955～1958年这四年中，中国女性的总和生育率分别为6.26、5.85、6.41、5.68，平均为6.05，这是新中国刚成立后这一特殊时期的生育率。人民的生活趋于稳定，所以生育率会有所提高。但是从20世纪50年代末到60年代初，中国生育率突然发生剧烈下降，1959年、1960年、1961年的生育率分别只有4.3、4.02、3.29，平均只有3.87。这是由多种原因所导致的，至今仍然存在争议。

1962年以后，照理说应该出现“补偿性”生育高峰，但是1962年、1963年、1964年、1965年的生育率分别为6.02、7.5、6.18、6.08，只有1963年才算是“补偿”高峰。可见50年代末至60年代初的三年低生育率，只是象征性地“补偿”生育了一年，并且这一年还只“补”了一半。从人口学规律来看，历史的欠账很难补回来。

不妨对比一下同一个时期中国台湾的生育率。因为台湾地区和大陆的文化接近，因而具有比较强的可比性。自1965年起，台湾地区开始实行“家庭计划”，主要内容就是对青年男女结婚年龄、生育年龄等加以限制，提倡（但不是强制）一对夫妇生育“一个不算少，两个恰恰好”的政策。随着台湾地区经济起飞，台湾地区育龄妇女的生育率从1963年的5.47不断下降，直至1984年开始低于自然更替水平2.1。台湾地区人口增长率持续下降，引起人口老化与新增劳动力减少的问题。出于这种考虑，台湾当局从20世纪80年代后期开始改变人口政策。1989年，台湾地区家庭计划的口号转变为“两个恰恰好，一个嫌太少，三个不嫌多”。虽然政策改变，但是台湾地区生育率却并没有回升。1988～1993年，台湾地区的总和生育率分别为1.85、1.68、1.81、1.72、1.73，都低于自然更替水平。其后台湾地区更是采用各种方法鼓励生育，但是生育率却不断降低，到了2000年以后更是只有1.1左右了。

中国自1980年以来施行非常严格的“一胎化”计划生育政策。中国的计划生育政策不但比越南、伊朗的计划生育（都是提倡二孩）更为严厉，并且时间持续更长。从1980年开始，有关部门大力宣传计划生育的必要性，严厉批评传统的生育文化。久而久之，这些宣传对于生育心理造成重要影响。凡是1970年以后出生的年轻一代，无不是在计划生育宣传下长大，很多人已经形成思维定式。在年轻人的潜意识里，生育一个孩子是最合理的，生育两三个是可耻的，是落后思想。

长达数十年的计划生育宣传和配套的物质制度（如对于独生子女的奖励）培育出少生、丁克、仇视生育的文化，给人一种少生孩子是为社会做贡献、今后不用担心养老的幻觉。从人口学角度看，这种幻觉严重影响生育意愿。

北京大学穆光宗教授长期批评严格的“一胎化”计划生育政策。2000年以后，他对计划生育进行了深刻反思，总结了很多沉痛的教训。他认为1980年9月25日堪称中国人口发展的分水岭。从此以后，中国就拉开了一个严格控制人口增长的历史帷幕，从过去的“晚、稀、少”，过渡到以政府为主导的强制计生。当时追求的目标是零增长甚至是负增长，希望中国在总量增长上达到零的程度早日实现。当时为了实现20世纪末四个现代化的目标，所以在人口控制上采取了有史以来最严格的措施，但强制推行的人口控制战略代价是比较巨大的，这一点我们已经看得越来越清楚。从家庭视角来看和反思我们的计生政策，不得不承认一个事实，即独生子女家庭有很大的风险性，本质上是风险家庭。放大来看，独生子女的社会就是独生子女人口占主体的社会，其本身是个风险社会。

20年的“一胎化”计划生育政策，使得中国积累起巨大的人口风险，而且这个风险在不断加剧，越来越危险。对于独生子女的人口风险问题，中国终于慢慢形成了一些共识，比如失独的风险、伤残的风险、成才的风险、家庭养老的风险、社会发展风险、国家国防风险等，妇女在生育健康中的代价也是很沉重的。①

对于放开“一胎化”计划生育的担忧，最常见的托词是人口压力。所谓人口压力是指人口对资源环境的压力。从这个角度思考，才有了人口分母说、人均指标说，这些都可以归入担心人口数量对资源环境的压力。例如，现在广泛研究的循环经济、绿色发展、生态文明等模式，都可以在一定程度上改变人口数量对资源环境的作用方式、方向、力度和强度。

除了简单的人口压力以外，我们还应该更进一步，从经济和社会等多

① 穆光宗、茆长宝、王朋岗：《生育政策再检讨》，载于《中国经济报告》2013年第4期，第77～81页。

个角度，分析不同人口之间的关系问题，人口学视角下的人口压力主要关注人口与生态之间相互匹配、相互和谐的关系。但除此之外，我们还应该关注被负担人口与负担人口的关系，如非劳动年龄人口与劳动年龄人口的关系、老年人口与年轻人口的关系、可婚男性人口与女性人口的关系。这些因素都与人口结构有关，是结构性压力。如果“一胎化”计划生育导致人口失衡的话，各种人口结构的压力就会越来越大。

强制性计划生育一直延续到 2000 年，还有很多人表示支持。背后有很多原因，既有学理上研究不够充分的原因，也有政策执行中现实的阻挠。人口政策的调整是非常艰难的。但人口目标和人口原理又是如此重要，应该让所有人意识到，即使实现低生育目标，也不意味着就彻底解决了中国人口问题。人口生育政策应该有战略性的底线，保障基本的总和生育率，保障人口结构不会出现严重失衡。这种底线绝不能被轻易突破，突破的话一定会付出惨重的代价。

穆光宗认为，从 2000 年以后的形势来看，当时已经发生了三个重要的结构性转变。过去概括中国的人口问题，一直是多育、早育、密育，现在是少子、晚子，甚至不育。以前主要人口问题是增长过多，现在则主要是结构性问题，比如性别比失调，过度、过快的老龄化，包括很难预期的深度老龄化的挑战，以及中国必然会面临的是独子少子老龄化等的挑战。中国人口规模的基数大，调整起来非常困难，所以中国面临的人口问题是诸多发展中国家中最严峻的。

人口政策本身可能产生巨大的负面作用。所以我们要注意政策性人口问题，要尽量避免政策性人口问题的产生和扩散。人口问题确实极为复杂，所以人口学者更应该有一种长远的眼光，不应只是看到它的表现，那只是冰山一角。学者更应该看到它的潜伏期和爆发期。因为人口变动必定是长周期现象。等我们发现了人口的冰山露出海平面了，往往问题积重难返，为时已晚。

发展是最好的“避孕药”。现在我们要关注新人口问题，如广义的独生子问题，还有年轻人亏损问题。年轻人过少的话，这个国家人口的实力就会出现问题。因为年轻人蕴含着广泛的开拓能力、创新力、生产力、消费力、战斗力等，具有最大程度的学习能力。在这个知识时代、信息时代，老龄化不仅意味着生产力降低，更意味着学习能力降低，影响是非常大的。

低生育水平这个提法是一个事实判断，但我们还需要一个价值判断，即低到什么程度合适。这个问题很难问题，但一定要回答。直到2000年，中国学者和有关部门都没能直面这个问题。例如日本早在总和生育率达到1.57的时候，就惊呼“1.57冲击”。但中国并不知道冲击点在何时。

中国必须重新建立大国人口观。从人口学和经济学原理来看，生育率绝对不是越低越好，而是要维持在适度水平。适度的总和生育率已经经过长时间的检验和评判，成为学术公理。中国也必须走这条道路，确立适度的生育水平。所以我们需要区分政策生育率、意愿生育率和条件生育率等。

中国少子化危机日益深刻，即使放开政策，我们在短时间内也难以跳出超低生育率的陷阱，因为现在生育率太低了，很多“80后”根本不愿意多生，不要说生三个，一个甚至都不想要。20世纪80年代以后，中国逐渐进入了一个外生性超低生育率陷阱，而推动中国进入这个陷阱的力量包括计生政策强制力、计生文化的诱导力和经济发展的自发力。

如果说发展是最强的“避孕药”，那么政策就是最强的“堕胎药”，而且是长期鼓励只生一个好。第五次人口普查数据已经揭示出很多重要问题。2000年以后，中国的生育率越来越低，陷入陷阱就更深了，可以说进入了内生性的超低生育率陷阱。

1980年以后出生的群体，生育二孩的意愿并不明显。例如上海本市户籍人口，平均生育率只有1.2。由于种种条件限制，时间一久，可能还会更低，所以实际生育的话，很多家庭即使符合标准，也会放弃生育二孩的指标，“80后”双独家庭可以生育两个孩子，但是没有强有力的措施，生育率也不会发生改变。

2006年，江苏人口计生委和中国社科院人口与劳动经济研究所合作，深入调研后发现超过70%的夫妇选择放弃生育第二个孩子。不少城市新婚家庭扮演着车奴、房奴、孩奴的角色，害怕生两个孩子，在城市里生活压力很大。所以生育要适度，政策倡导不应少于两个孩子，才可能挽救过低的总和生育率。

第一，厘定人口政策战略底线，允许并鼓励二孩，理解并不限多胎。

多胎不应该受到限制，实际上这只是小概率事件，对总体影响非常有限，而且对提升适度总和生育率有较大帮助。事实上，人口政策中可以利用经济的杠杆、文化的杠杆去鼓励、奖励二孩生育。很多家庭还是希望生两个孩子，有数据证明，全国育龄妇女生育二孩率由 2000 年的 26.1% 上升至 2009 年的 29%，有些家庭认为一个孩子不保险，但是落实到行动上也只生一个孩子，这需要政府采取一些对家庭友好的政策。从宏观来讲，要保障国家的人口安全，人口安全是国家安全的重要屏障和保障，要走出超低生育的陷阱，实现人口长期均衡发展。

第二，从控制人口到优化人口。必须考虑适度生育、平衡结构、投资人口，目标是实现四个发展，一个是人的自由、全面发展，二是家庭健康、幸福的发展，三是社会团结、和谐的发展，四是人口优化、持续的发展。这些发展的结合是一个“有机发展”的概念，应该以此作为我们的改革导向和前进方向。

第三，人口问题不仅仅是数量问题，更重要的是结构问题。人口数量问题包括存量、增量和流量问题，存量问题需要的是开发人力、提供素质、合理分布和保障人权，但不存在绝对的人口过剩和人口压力问题。人口增量对人口存量的压力不是线性的。

除了长期对“一胎化”计划生育政策持反对意见的学者之外，即使是过去主张和支持计划生育的学者如田雪原等，也对中国人口政策的发展过程进行了梳理和反思。田雪原认为，自 1978 年底党的十一届三中全会重新确立了实事求是的思想路线开始，为马寅初《新人口论》翻案是一次重要契机，从此新中国人口理论研究拨乱反正，开始进入一个新阶段。当时明确了中国人口问题属人口压迫生产力即人口和劳动力过剩性质，取得从上到下大力控制人口增长的普遍共识。田雪原就是在这个背景下，提出了集控制人口数量、提高人口质量、调整人口结构于一体，全面解决中国人口问题的“三步走”人口发展战略。

田雪原的人口发展战略分为三步：第一步，“控制”“提高”“调整”相结合，重点在人口的数量控制，把高生育率降低到更替水平以下，实现人口再生产由高出生、低死亡、高增长向低出生、低死亡、低增长类型的转变。第二步，在稳定低生育水平和走向人口零增长过程中，大力提高人口素质和适时调整人口结构，逐步实现由“控制”为重点向“提高”“调整”为重点过渡，促进人口与社会经济发展相适应。第三步，零增长以后，由于人口的惯性作用将呈一定程度的减少趋势，再依据届时的经济、社会发展以及资源、环境状况，做出全方位理想适度人口的抉择。所谓全方位理想的适度人口，即不仅数量是适当的，而且素质是比较高的，年龄、性别等的结构也是合理的。

在田雪原看来，上述顶层设计“三步走”人口发展战略目标，第一步已于20世纪90年代中期实现；第二步也已经走过将近20年的旅程，预计可在21世纪30年代达到；第三步则是实现人口零增长以后的事情，现在能够做到的，是做出超前性研究和未雨绸缪的策划。如此，当前的人口发展战略，应锁定在以人口零增长为数量控制目标，同时兼顾素质提高、结构调整的全面性和合理性，充分考虑到社会经济发展以及资源、环境需要，逐步完成由数量控制向质量提高、结构调整为重点的过渡，为第三步全方位理想适度人口战略目标的实现打下坚实基础。

这个时期以来，有关人口与计划生育政策的讨论逐渐升温。《人民日报》2009年12月4日《新中国人口政策回顾与展望》一文发表后，达到高潮。国内外数十家媒体或转载该文，或发表评论和文章，不同观点和主张竞相亮相。归纳起来，大致有如下三类。

第一类为“放开论”。基本观点是放弃以一对夫妇生育一个孩子为支撑的计划生育政策，放开生育二孩或多孩限制。国内外“放开论”有所不同：国内主要是知识界部分人士，将生育权纳入人权视野，认为规定生育指标和限制生育数量，有“侵权”之嫌，应还生育权于个人和家庭，不能由政府说了算。国际社会表现为对中国生育政策的不理解和质疑，个别人则是别有用心。例如，美国人口普查局约翰·艾尔德（John S. Aird），20多年前便撰著《屠杀无辜——中国强制性的计划生育》，肆意攻击中国的人口政策等。

第二类为“稳定论”。提出稳定人口生育政策不动摇，提倡一对夫妇生育一个孩子不动摇，干部“守土有责”不动摇等稳定现行人口政策口号。理由是：虽然中国实行严格控制人口增长政策三四十年来取得卓著成效，人口问题得到一定程度的缓解；但是人口过剩与资源短缺、社会经济不发达的根本矛盾还未解决，人口零增长还未到来，计划生育政策不能松懈。而且，政策“调整”会造成认识和思想上的混乱，带来意想不到的矛盾和问题，打破人口和计生工作的连续性和正常工作秩序，于人口事业的健康发展不利。

第三类为“调整论”。提出要尊重人口变动和发展的客观规律，在提倡一对夫妇生育一个孩子经过一代人（25 ~ 30 年）之后，履行当初做出的承诺，对以一对夫妇生育一个孩子为核心的现行生育政策，适时做出科学和必要的调整。

这三种意见各有不同，都曾经产生一定的影响，可是后来都渐渐冷却了下来，因为“稳定论”主流很难撼动。不过，人口的变动与发展同经济、科技、社会发展休戚相关，政策调整关系到中华民族伟大复兴千秋大业，随着调整的最佳时机一天天、一年年地流逝，许多有识之士还是禁不住要发出不同的声音，利用合适的时机阐发他们的理论和主张，企盼调整的一天能够早日到来。

实际上，即使是“稳定论”观点的学者也在探讨“完善政策”的一些路径，提出“双独生二”等微调方案。不过这样修修补补的“完善”，与清晰明确的“调整”之间存在着明显的距离，而且仍主要停留在字面“方案”上。不采取大幅度调整的方案，本身就是对“调整论”的否定。显然，准确地把握“调整”的时点至关重要，只有不失时机地启动调整，才能事半功倍；相反，如果错过最佳时点再行调整，很难避免事倍功半的效果。

那么，人口生育政策调整的最佳时点在哪里？早在 1980 年 3 ~ 5 月，中央书记处委托中央办公厅连续召开五次人口座谈会，中心议题就是讨论一对夫妇生育一个孩子是否可行，会遇到哪些问题，能不能解决和怎样解决。出席会议的有中央和国务院相关部委的领导同志、相关自然科学和社会科学专家 60 多人。会议先后在中南海西楼会议室、人民大会堂举行，最后向中央书记处提交了报告，即《人口问题座谈会报告》。这份报告反映了与会同志的共识和某些问题的讨论情况。与会者一致赞同加大控制人口增长的力度，赞同一对夫妇生育一个孩子；但是对生育一个孩子可能产生的问题，主要是会不会引起人口智商和智能下降、劳动力短缺、老龄化不堪重负、家庭“四二一”代际结构（四个老人、一对夫妇、一个子女）、性别比失衡等，认识不尽一致。于是便暂时休会，查找资料，进行论证，有了明确意见后再行复会讨论。

座谈会时间延续了两个月，次数也达5次之多。会议最终形成的向中央书记处的报告中指出，为了尽快和有效地控制人口数量增长，需要大力提倡一对夫妇生育一个孩子；但是这不是最好的办法，而是在当时人口增长势能很强形势下，没有办法的一种办法。提倡生育一个孩子必然导致人口年龄结构老龄化等一系列问题，政策取向应使这些问题不至于过于严重，不给人口变动、经济和社会发展带来更大的负面影响。唯一能满足这样要求的办法，就是要把握好提倡生育一个孩子的时间跨度。《报告人口问题座谈会》明确提出：提倡一对夫妇生育一个孩子既非权宜之计，搞个三年五载不可能从根本上解决中国人口问题；也非永久之计，如果搞上50年、100年，则由此带来的各种问题将变得异常尖锐；而是特定历史时期，目标为控制一代人生育率的一项特殊政策。因为控制住一代人的生育率，也就自然地控制了下一代做父母的人口数量，从而起到有效控制人口增长的作用；同时一代人过后，通过对生育率的适当调整，可以使老龄化等问题得到缓解，控制在可以接受范围之内。如此，达到既使人口数量增长受到有效控制，又使由此产生的各种问题不至过于严重的目的。这一思想在其后（1980年9月）《中共中央关于控制中国人口增长问题致全体共产党员共青团员的公开信》中得以公开发表出来，“到30年以后，目前特别紧张的人口增长问题就可以缓解，也就可以采取不同的人口政策了”。

田雪原认为，1980年做出提倡一对夫妇生育一个孩子的决定时，已经给出这一政策调整的时间表：控制一代人的生育率，25年左右最多不超过30年。推算下来，2005～2010年当为人口生育政策正常调整的最佳时期，即历史的节点。也恰在这一节点前后，出现人口生育政策讨论热。有一点很清楚：越早调整越主动，难度越小；越晚调整越被动，难度越大。一个简单的事实明摆着：目前每年约有600万独生子女进入生育年龄，越晚调整积累起来处于生育年龄的独生子女越多，“稳定论”忧虑的生育率“反弹”势能就越强，“一独生二”的调整压力就越大。所以到了2000年以后，田雪原也从“一胎化”计划生育支持者，逐渐转变成为放开二孩的支持者。

2009 年 12 月 4 日，田雪原在《人民日报》以《新中国人口政策回顾与展望》题目撰文。他认为，步入低生育水平阶段以后，人口的变动又走到十字路口，人口政策面临新的抉择。按田雪原“三步走”的人口发展战略第一步，把高生育率降低到更替水平以下，实现由高出生、低死亡、高增长向低出生、低死亡、低增长的转变，这一步已在 1992 年完成。第二步，稳定低生育水平至人口零增长，同时注重人口素质提高和结构调整，预计这一步可在 2030 年前后实现。第三步，零增长以后由于人口的惯性作用，总体人口将呈一定程度的减少趋势，届时再依据经济社会发展以及资源环境状况，做出理想适度人口的抉择。

2010 年，田雪原又在《人民日报》公开发文，重新解释了 1980 年提倡生育一个孩子时的初衷。他表示，自己现在已经转而支持适时调整人口生育政策，并专门提出三条具体调整建议：

其一，全国不分城乡，双方均为独生子女者结婚一律允许生育两个孩子，现在即可实施。实行“双独”结婚生育两个孩子，生育率升高极其有限，可不附加任何条件。

其二，农村一方为独生子女者结婚，允许生育两个孩子，现在就可以开始实施，城镇可从“十二五”开始实施。对于农村来说，由于独生子女率较低，“一独生二”影响有限；对于城镇来说，由于独生子女率普遍很高，双独结婚和生育占比也很高，一方为独生子女另一方为非独生子女结婚和生育占比不会很高，对生育率影响也有限。特别是“十二五”开始后，城镇 30 岁以下育龄妇女将进一步减少，影响会更小一些。然而对于“一独”方的父母家庭养老和改变家庭代际年龄结构来说，有着现实的、不可替代的意义。

其三，在有效制止三孩及以上多孩生育条件下，农村可不分性别普遍生育两个孩子。当前全国农村实际的总和生育率仍在 2.0 上下，如果除人数较少的少数民族外均不得生育三个及以上孩子能够做到，实行“限三生二”政策，生育率可大体上维持现在的水平，不会造成大幅度反弹和影响人口零增长目标的实现。不分性别的“限三生二”，改变目前农村只有独女户可以再生育一个孩子的政策，对治理出生性别比升高来说，则可能是一剂药到病除的良方。

田雪原并不主张完全放开生育，仍主张上述“双独生二”“一独生二”“限三生二”生育政策调整方案。他认为，2010 年以后政策仍未有大的变动，进入婚育年龄独生子女人口增加上千万，调整起来“反弹”的力度会变得更强。如果下定决心立即着手进行调整，“反弹”对生育率的影响还不会很大。越早调整“反弹”的势能越小，越晚调整“反弹”的势能越强，付出的代价和带来的困难就越多。

除了田雪原、穆光宗等多年来研究讨论中国人口的资深学者以外，2000 年以后，很多中青年学者或者有海外背景的学者也积极加入进来，呼吁改变当时执行的计划生育政策。

中国社会科学院人口研究所所长蔡昉在 2004 年撰文，修正了过去认为人口高峰会达到 16 亿的观点，认为中国人口在 2030 年达到 14.4 亿的顶峰，然后下降。这就使人们对所谓“12 亿人口日”“13 亿人口日”的人口基数产生了怀疑。

2006 年 8 月底，国家统计局局长邱晓华指出：“目前人口调查中最突出的问题是全国人口数大于各地汇总数。多年来这个问题不仅没有解决，而且还有逐年扩大的趋势。”2003 年的各地汇总数只有 12.60 亿人，公布的却是 12.92 亿人，两者差距 3200 多万人；2004 年这一差距竟然进一步扩大到 4600 多万人。这种数据水分始于 20 世纪 90 年代。2000 年人口普查显示总人口只有 12.426 亿，这个数据比国家统计局公告的 1999 年底总人口少 1648 万，比 1998 年底总人口少 549 万。为了不与历史数据相矛盾，人口普查公告按照 1.81% 的漏报率进行校正，将这个数据修正为 12.658 亿人。就是说 2000 年人口“水分”就已经有 2322 万。

而在青年学者中，比较有影响力的是梁建章博士。梁建章在各类媒体大量撰写文章，不断提出“立即废止一胎化计划生育、彻底改变人口政策方向”的强力呼吁。他曾经系统性地总结历史，反思为何中国会持续限制生育这么久。[①] 在他看来，计划生育制度持续执行的背后，可能有以下几个原因。

---

① 梁建章、黄文政：《中国计划生育为何持续那么久?》，载于《金融时报》2013 年 3 月 13 日。

第一，支持生育限制的个种理由虽然长期和宏观上不成立，但在短期和微观上却与大多数人的直觉和直观相符。改革开放之初，中国突然发现自己在各方面都远落后于发达国家，人均意义上更是如此，大量知青回城又造成了短期的就业困难，因此很容易就把这些问题部分归咎于人口太多。而 20 世纪 70 年代的能源危机之后，人口过剩的思潮一度风行全球，联合国人口基金会等组织更是通过各种方式诱导和鼓励发展中国家控制人口。这一里一外的思潮自然让严厉控制人口的思想在中国找到土壤。这种思想不仅影响到决策层，也影响到不同领域的知识分子。

第二，人口自身的变化规律是一个科学问题，需要使用一定的数学工具和理论模型，一般人难以把握。改革开放之初，对科学的崇尚蔚然成风，宋健等学者运用数学模型和计算机对人口变量的内在关系进行描述和估算令人耳目一新。但模型自身的严谨并不等同于其假设的合理和推断的正确。仔细阅读当年的重要文章就会发现，这些模型的假设存在很大问题，推断也较为草率。比如，设定基于动物蛋白摄入量和技术装备程度的人为目标，再限定各种条件的增长速度上限，由此来推导出中国在未来多少年内的所谓适度人口是 6 亿～8 亿。梁建章认为，这种决定人口政策宏观目标的论证，毫无任何学术严谨性和现实意义，其基本假设也早就被证明是完全错误的。更重要的是，决定人口政策方向的应该是人口的规模和结构对经济社会发展的影响。这种影响到底如何复杂，其结论的不确定性远超过自然科学中的定律，不是一些没有受过严格的社会科学训练也没有经过长时间深入思考的理工背景的学者能把握的。然而，这些学者在本领域的成就以及他们使用方法的数学化和计算机化却给他们极端的结论罩上了一层科学的光环。

第三，人口政策的后果有着至少几十年的滞后性，严厉生育限制的几十年恰恰又是中国经济因为改革开放而蒸蒸日上的时期，所以人们很自然会把经济上的成就部分归功于生育限制政策，虽然其贡献现在从规范性的实证研究来看微不足道，而且这种贡献的前提还是 20 世纪 60～80 年代出生了大量人口。实际上，对政策效果进行客观的评判需要非常规范的学术研究，但中国学术界在这方面的作用非常有限。这可能有多种原因。一是计划生育作为一项基本国策在客观上压缩了不同观点的讨论空间；二是学术界内部缺乏有效机制让不同的独立研究成为决策的科学依据；三是中国社会科学研究相对落后，尤其在早期缺乏对相关问题进行深入分析的能力。

第四，数十年来，中国计划生育的宣传无所不在，早年各种标语遍及城乡，甚至初中的思想品德、地理、历史、生物课本都有宣扬实行计划生育的必要性的内容。这种强势宣传带来的后果是，当代中国形成了人类历史上无论是纵向还是横向比都最为偏执的人口观念。中国是个内部同质性极强的国家，一种观念一旦形成都会具有巨大的惯性，因为当周围人都那么相信时，很少有人会怀疑它的合理性。而且，在庞大而历史悠久的中国，人们对国家层面的决策存在着天然的信任。在人口问题的讨论中，很多人的第一反应是，中国有那么多的研究机构，对基本国策的研究肯定非常透彻，怎么可能会犯错误？我们在深入研究人口问题之初一度有过这种想法，直到仔细阅读了政策实施之前几乎所有重要文献后才认识到自己当初的想法只是没有根据的想当然。这种现象并不奇怪，因为组织规模越大，内部的信息传递和反馈机制面临的挑战越大。当每个人都对某件事深信不疑时，最终这件事情可能恰恰毫无道理，因为绝大部分相信的理由不过是别人也相信。

第五，中国很多人觉得制定人口政策是人口学家和计生部门的职责，但这是一个误区。严格来说，人口学研究的是人口自身和其他变量对人口的影响。但人口政策所关心的却是相反的问题，即人口对经济、社会、国防、环境、文明兴衰的影响，这些问题不是人口学，而是经济学、社会学、国防战略、环境科学和历史学的研究对象。人口预测关心的变量是人口，因而是典型的人口学问题；但研究人口规模和结构对经济发展的影响所关心的变量是经济发展，因而是宏观经济学的问题，人口在这里只是作用因子。因此，人口政策的方向性并不是人口学应该或有能力回答的问题。但在中国，某些人口学家却被赋予为人口政策决策方向提供建议的职责，这完全超出他们的知识和专业范围。计生部门是执行人口政策的职能部门，其利益直接受到人口政策的影响，在核心人口政策的决策过程中本应回避，但在实际操作中却是中国人口政策的主要制定者。这种角色混乱很容易导致部门利益凌驾于国家和民族利益之上。

2000 年以后，中国老中青几代学者都对持续执行的计划生育政策提出批评意见。与此同时，西方主流经济学界也对中国的计划生育提出了批评，芝加哥大学的加里·贝克尔（Gary Becker）是其中典型代表。他在社交网站上写了一篇名为《中国放弃独生子女政策的影响》的文章批评了中国的计划生育。

无论争论双方持什么样的态度，生育率下降已经成为不争的事实。在1990 年，当时中国的总和生育率（妇女在育龄期间平均的生育子女数）超过 2.0，而根据 2010 年最新公布的官方数据，生育率已经下降到 1.18。

在我们将生育率下降归因于独生子女政策之前，必须确认另一点，那就是自从 1978 年实施改革开放以来，中国的人均收入水平、平均教育程度以及城市化进程都在最近几十年里迅猛发展。而对于城市中高收入、高学历背景的家庭来说，其生育孩子的数量要明显低于农村里那些低收入、低学历背景的家庭。

很难断言中国生育率在没有独生子女政策的情况下会变成什么样。贝克尔根据收入水平、教育程度、城市化进程以及其他数据，结合亚洲其他国家的情况对此进行了估算，结论是伴随着中国近年来的高速发展，假设没有独生子女政策，生育率估计在 1.5 左右。这也就意味着，即便在完全废除独生子女政策而非像现在这样谨慎放宽的情况下，生育率数据也不太可能在现有的低水平基础上出现大幅增长。1981 年开始实施的独生子女政策，加速推动了由于 20 世纪 70 年代末改革开放所造成的生育率下降趋势。

中国目前的生育率水平，要稍稍低于假设没有独生子女政策的情况，包括 1981 年以来的生育率下降速度也因为这项政策而显得过快。由于政策的威慑力，很多家庭被阻止生育更多的孩子。然而，早在独生子女政策出台之前，中国的生育率在 70 年代已经迅速下降，显示在改革开放之前，中国就已经存在导致生育率下滑的因素。

中国的独生子女政策，已经造成了中国人口的快速老龄化，尽管还有其他重要因素在起作用。人口老龄化在医疗、养老等方面会给政府带来巨大的压力，而大多数老人会因为只有一个孩子而难以获得更多的帮助。

父母的生育意愿，应当由其收入、教育以及其他个人因素来决定，让他们自主选择生育孩子的数量。自从 70 年代以来，以上因素都发生了巨大的变化。中国的独生子女政策，已经成为一项干涉大量个人决定的社会工程。虽然这项政策成功实现了大幅度降低生育率的目标，却没有考虑到1978年改革开放对于降低生育率的作用。

2010年11月1日，中国开展了新中国成立以来的第六次全国人口普查（以下简称“六普”），这是离我们最近的一次人口普查。六普公布的资料显示，中国妇女总和生育率进一步下降，为1.188，比第五次人口普查公布的人口数据更低，比2005年全国1%人口抽样调查结果（1.338）也降低了0.15。所以，第六次人口普查数据可以说创下中国生育率水平的最低纪录，必须引起各方面的高度注意。

总和生育率是各孩次总和生育率的合计，所以比较孩次生育率则更容易探测生育率变化发生在哪个孩次上。比较分析发现，第六次人口普查中的总和生育率下降，主要体现为一孩生育率降低。六普资料显示，一孩总和生育率仅为0.728，比10年前五普的0.867和2005年1%人口调查的0.891显著降低。在二孩和多孩的总和生育率方面，六普数据与以前的统计相比，要么大体持平，要么略有提高。

而且分析表明，就在六普时期，农村妇女生育率的下降最为突出，从2005年的1.654降为1.444，并且其中农村妇女的一孩生育率下降极为显著，从2005年的0.990降至0.771，降幅达到了0.219。这些结果表明，六普低生育率主要是农村妇女的一孩生育率显著下降所导致的结果。

2010年，六普所揭示的中国最新人口特征主要包括以下几点。

第一，总人口达不到16亿，而在14.5亿左右。中国当前的出生率越低，未来峰值人口越低，老龄化程度就越严重，未来的养老压力就越大。第二，如果现在使用的1.8的总和生育率能够靠得住，那么，未来中国也将把“世界第一人口大国”的“宝座”让给印度。实际上，如果将1947年之前印度版图人口相加，即将现在印度的10.5亿人、巴基斯坦的1.5亿人和孟加拉国的1.5亿人相加，总人口已经超过了中国的总人口。第三，中国15～64岁之间劳动力人口的供给将不会像原来那样是“无限”的，大约在2015年左右开始负增长。第四，由20世纪80年代中期人口出生性别比失衡所导致的婚龄年龄段女性的短缺状况将逐渐明显。第五，由高等教育扩张所带来的大学生的失业问题将日益严重。第六，少数民族人口的增加，将给民族聚居区域的环境资源造成越来越大的压力。第七，由贫富分化所造成的各阶层人口的裂隙将逐渐凸显。

除此之外，已经执行数十年的计划生育政策还导致了一个人口结构上的重要问题，即性别比例失衡。中国一直有“重男轻女”的文化传统，在计划生育背景下，这种倾向就被极大地强化了，数据结果已经非常严重。

自20世纪80年代起，中国出生人口性别比尽管在初始的前4年中，每年都超出了建立在独立随机事件基础上的正常值域上限107，而被列为异常，但实际失调以整数年计算却是始自1984年，到2004年出生人口性别比失调已长达21年。伴随着出生人口性别比异常升高的速度从缓慢到加速，失调从轻度到重度，相应生育水平的波幅变化却由大到小、经稳定转为下降。出生人口性别比与生育水平的这种相应变动，是在紧缩生育政策后，有了胎儿性别检测技术这一前提条件下的“特殊”反映。出生性别比是一个遵从大数定律的指标，失调必是人为干扰孕前或孕后胎儿性别所致，否则不会发生失调。20多年间的生育水平波动与出生人口性别比异常升高，主要是由人工流产女胎量的逐年加大，使本应出生的女婴量也随之相应加速减少造成的。

人口出生数量迅速减少的变化过程，既是1984～1990年间，生育率在前期呈波幅变小，末期呈略微下降的主要成因；也是1991～2004年间，出生人口性别比失调急剧加重，生育率明显下降的主要成因。至于极少数农村家庭为达到生一个男孩目的，采用“游击”方式生育的女孩之多，虽令人吃惊，但对整体生育水平来说却可忽略不计。据分析，以出生人口性别比高度失调为代价的2000年全国妇女平均预期终身生育子女数，最乐观的估计也只是为1.8～2.0，低于人口自然更替率。

近年来的农村社会调查结果显示，虽然坚持要生有一个男孩的家庭比例较高，但要生有一男一女的家庭却仍占绝大多数。囿于多数农村地区的生育政策是已有一个女孩的夫妻可允许计划生第二孩，因此，孕妇第一胎做性别检测的很少。即使第一胎性别检测为女，大多数也是生下这个女孩并如实申报，但对所生第二孩却非要等到胎儿直至检测为男性时才生；囿于生育政策不允许已有一个男孩的夫妻生第二孩，部分家庭为了再生一个，要么将男婴误报为女婴，要么瞒报出生。极少数所生两个及以上都为女孩的家庭，为了生有一个男孩，往往瞒报出生，逃避处罚，直到他们认为相关政策对己适宜时，才去申报出生。足见人为胎儿性别选择及流产女胎，既是导致第二孩及以上分孩次出生性别比严重失调，并随孩次升高而升高的成因，也是导致第二孩及以上分孩次出生性别比远高于第一孩出生性别比的成因。分析与近期的调查结果都表明，瞒报的男婴要多于女婴，甚至女婴还有可能多报，否则，就不合乎那些计划外生育者“上有政策下有对策”的逻辑。因此，实际的出生人口性别比及低年龄人口性别比，只有较1990年和2000年人口普查结果高而没有较其低的可能性。

随着时间的顺延，年龄则从高向低顺延。2000年人口普查的全国低年龄人口性别比，从10岁的111.39至1岁的122.65，呈现出随着年龄下降而持续显著上升态势。据此可以推断：一是1990～1999年间的历年出生人口性别比失调呈逐年加剧态势。二是2000年普查时的出生人口性别比为116.86，因大幅低于1岁的性别比5.79个点而与其上升态势不符，合乎逻辑的是，其最低也要等于或大于1岁的性别比（122.65）。据此推算，至少要有30.28%的孕妇做过胎儿性别检测。三是2000年人口普查时的全国分市、镇、县出生人口性别比，同理最低也要等于或大于各自1岁性别比114.95、121.42和125.49。据此推算，分别至少要有15.38%、27.90%和35.70%的孕妇做过胎儿性别检测。然而，在男性偏好相当微弱或基本消失的城市地区，出生人口性别比就从未发生过失调。

所以，从1980年开始实施的“一胎化”的计划生育政策，到了2013年仍未作出根本性的调整。无论是过去支持计划生育的学者，还是一贯反对计划生育的学者，抑或是青年海归学者，甚至海外学者，都对当时的计划生育政策提出严厉的质疑。

自2000年第五次人口普查数据公布以来，不管是人口总量还是人口结构就已经出现很多问题。人口的总和生育率大大低于过去的估计。当时由于统计误差和研究模型的不同，学界对此还有一些争议。而2010年第六次人口普查数据公布，不但验证了之前很多偏于悲观的预测，而且比第五次人口普查的数据更糟糕。从此，要求立即改变现有“一胎化”计划生育政策、全面放开二孩的呼声变得空前强烈，有关部门也处于重重压力之中。

第二节　计划生育的人口学反思

2000 年以后，呼吁放开“一胎化”计划生育、改变中国人口政策的呼声就已经出现。2010 年以后，对于改变计划生育的呼声变得越来越强。很多学者在各种媒介，用各种方法表达了对于人口问题的忧虑，呼吁有关部门尽快放开对于二孩生育的管制。这已经成为学界的基本共识。

从人类发展的长远历史看，人口数量在近 200 年间发生了暴涨。据历史学家估计，在公元零年时全球人口为 2.3 亿，到 1820 年增加到 10.4 亿，平均年增长率为 0.08%。而近 180 年来人口从 10.4 亿增加到 65 亿，平均的年增长率达到了 1%（最近的全球人口年增长率在 1975～2003 年间平均为 1.6%；2003～2005 年为 1.1%），比过去的 2000 年加快了 12 倍。

从更远的史前发展看，人类从非洲走出后的六万多年才增加到两亿多，其增长速度非常缓慢。现在的人类学家想方设法寻找远古时代的人类化石，但是所得非常稀少。原因是那时候的人类总数大概超不过百万，分布在全球 1.33 亿平方公里的土地上，平均起来每一百平方公里才有一个人，找起来当然不容易。这样看起来人口数量的发展是一个不断加速的过程，而到了 20 世纪进入一个爆炸阶段。人口的增加远远超过了其他生物的增加。人口成了独霸地球的超级物种，把其他生物的栖息地统统都占领、破坏了，导致其他物种的大量灭绝。现在的环境破坏和大气变暖，就是生态破坏的结果。幸亏事物有自己的规律，近年来生活提高、教育普及以后人类的生育率正在迅速下降。可以预见，将来人类所面临的问题不是人类太多，而是孩子太少。这一现象已经在发达国家中可以看到，中国不久也会走上这条路。

1997 年和 2001 年，国家计生委组织曾经进行了两次全国范围的抽样调查。1997 年的调查数据显示中国妇女总和生育率只有 1.35～1.38；2001 年的数据也显示只有 1.35。对 1997 年的数据计划生育委员会高层认为不可信，应调整到 1.8；对 2001 年的数据也认为不可靠，也应调整到

1.8。第五次人口普查的数据显示，1991～2000年中国大陆妇女总和生育率平均在1.22左右。国家人口和计划生育委员会统计与财务管理司副司长王谦的“中国大陆十年来生育水平估计”也估算整个20世纪90年代平均生育率只在1.3～1.6，而1990年后期总和生育率只有1.35左右，35～39岁妇女终身生育率为1.85。终身生育率为1.85，总和生育率为1.35左右，两者根本不矛盾，因为妇女生育高峰在30岁左右，1.85的终身生育率说明90年代初的总和生育在1.85左右。

基于以上各种来源的人口统计数据，茅于轼认为，从目前的状况看，人口老龄化格局已经形成。第六次全国人口普查结果显示，中国60岁及以上老年人口已达1.78亿，占总人口的13.26%。中国人口老龄化加速发展，老年人口基数大、增长快并日益呈现高龄化、空巢化趋势。目前，中国城乡失能和半失能老年人约3300万，占老年人口总数的19%。

从趋势看，人口老龄化速度正在不断加快。按照这个趋势，到2050年，老龄人口比例将达到30%以上。2001～2020年，中国平均每年将增加596万老年人口，年均增长速度达到3.28%，大大超过总人口年均0.66%的增长速度，人口老龄化进程势不可当。到2020年，老年人口将达到2.48亿，老龄化水平将达到17.17%。2021～2050年，伴随着20世纪60年代到70年代中期的新中国成立后第二次生育高峰人群进入老年，中国老年人口数量开始加速增长，平均每年增加620万人。同时，由于总人口逐渐实现零增长并开始负增长，人口老龄化将进一步加速。到2023年，老年人口数量将增加到2.7亿。到2050年，老年人口总量将超过4亿，老龄化水平提高到30%以上，其中，80岁及以上老年人口将达到9448万，占老年人口的21.78%。

而人口结构中，少子化趋势出现，意味着未来青年人比例越来越低，导致整个人口的活力下降；并且，由于独生子女各种因素导致的死亡，还将形成千万左右的失独家庭。第六次人口普查结果显示，0～14岁人口由22.4%下降到了16.5%，特别是在北京、上海这样的大城市，14岁以下孩子所占比重不到10%。而有学者根据目前的万人死亡数据测算，在中国现有的2.18亿独生子女中，由于各种原因，会有1009万人在或将在25岁之前离世。如果这个论断成立，这意味着不用太久之后，中国将有1000

万家庭成为失独家庭。

从人口总规模看，到 2100 年，中国的总人口可能会萎缩为 7 亿。20 世纪末全球人口最保守估计会增加到 100 亿，中国人口占全球人口比例将从目前的近 20% 下降为 5%，这对于中国在国际上的地位也有重大的影响。即便 2010 年左右停止计划生育，中国目前的生育率也只能在 1.7；而中国需要生育率在 2.3 左右才能维持人口的世代更替。虽然中国的生育率在 1990 年之后就低于世代更替水平，但由于人口变化有几十年的滞后性，人口还会低惯性增长一段时间，在 10 年之内中国人口将开始负增长。

2012 年 4 月，中国政府发布《国家人口发展“十二五”规划》，肯定了“人口增长势头减弱”“人口抚养比在经历 40 多年下降后开始上升”“老年人口出现第一次增长高峰”。文件虽仍提到“保持生育政策的连续性、稳定性”，同时要求“深化人口计生综合改革”。但是这份规划里，仍然没有明确表示要对计划生育进行调整。

是否要放开一胎生育管制政策，与如何看待人口形势有关。2010 年公布的中国第六次人口普查数据，对判断形势提供了非常重要的权威性信息。六普数据新揭示的重要特征包括：

第一，中国人口总量比官方早先预期数量少。六普结果显示，2010 年末人口总量为 13.41 亿人。这个数字比 2000 年中国决策层设定的 2010 年控制数 14 亿少大约 6000 万人，比 2006 年设定的 2010 年控制数 13.6 亿少将近 2000 万人。

第二，中国人口净增速比原先预测目标慢。2000 年《关于加强人口与计划生育工作稳定低生育水平的决定》预测认为，“未来十几年，中国人口数量还将持续增长，预计年均净增 1000 万人以上”。比较 2010 年第六次人口普查数据与 2000 年第五次人口普查数据，十年间实际年均净增量为 734.8 万人，比预测数据低出 25% 以上。

第三，中国总和生育率比主管部门原先认定的水平低。虽然中国人口计生主管部门长期认为总和生育率稳定在 1.8，但学术界以及政府统计部门诸多调查和研究项目提供数据都显示，全国总和生育率早已降至 1.5 上下。总和生育率这个关键参数的高低对判断人口形势具有重要影响，六普结果再次提供显著低于 1.8 的总和生育率数字。有人口学家利用六普数据进行模拟研究，结果显示2010年中国人口总和生育率在1.3上下。

中国社会科学院早在20世纪80年代就开始了相关研究工作。随着人口结构性问题日益突出，延续了30多年的独生子女生育政策逐步调整，育龄人群的生育水平与生育意愿以及生育计划都与政策调整密切相关。为全面反映生育意愿与生育计划，回答生育政策调整过程中面临的基础研究问题，2011年和2015年中国社会状况综合调查都对育龄人群的生育意愿、生育计划进行了调查，其中2011年调查恰好是在2013年“单独二孩”政策实施前，2015年调查是在“单独二孩”政策实施后的两年以及2015年“全面放开二孩”政策之前。这两次调查的重要目的之一就是全面反映育龄人群的生育意愿和生育预期，为全面放开二孩生育政策研究提供实证数据，但随着政策的调整，这两次调查也难得地成为距离“全面放开二孩”政策实施之前最近的生育意愿调查。

通过2010年六普数据的调查结果，众多人口学者得出以下基本共识：

第一，中国目前育龄人群终身生育水平在更替水平以下，随着年龄的降低逐渐下降，育龄人群终身平均生育孩子数将在1.7个以内。乡村育龄妇女的生育水平一直而且稳定地高于城镇育龄妇女的生育水平。农业人口育龄妇女的现存子女数为1.89～2.08个，非农业人口的现存子女数为1.28～1.44个。

第二，育龄人群的理想子女数在两个以下，生育意愿随着年龄的降低呈现下降的趋势。2015年调查育龄人群中40～49岁的平均理想子女数为1.99个，25～39岁为1.98个，18～24岁最低，为1.89个。意愿生育水平城乡差距稳定，但随着年龄的降低差距缩小。小学及以下文化程度的育龄人群的理想子女数为2.06个，初中为1.98个，高中为1.91个，即随着受教育程度的提高主观生育意愿逐渐降低，但大专及以上有所提升，为1.93个。低收入群体生育意愿相对较高，高收入群体生育意愿相对较低，收入最低组的理想子女数为2.08个，最高组为1.91个。东北地区的意愿生育水平明显低于其他地区，平均理想子女数仅为1.76个。

第三，育龄人群生育意愿得到满足（即理想子女数等于现存子女数）的人群比例为37.24%，生育意愿高于现有子女数即生育意愿未得到满足的育龄妇女占调查样本的53.97%，而现存子女数高于生育意愿的育龄人群比例为8.61%。

第四，40岁及以上育龄妇女再生育的可能性非常小。2015年调查的25～39岁育龄妇女中，肯定不生一个孩子的比例为57.76%，而40岁及以上妇女中该比例接近88%。在打算生育二孩的一孩育龄人群中，五年内计划二孩生育的比例不超过70%。以上这些结果都非常严重，甚至可以说，中国已经面临很大的人口危机。

2013年1月30日，“人口与生育政策研讨会”在北京社会主义学院举办。会议围绕现行人口政策及相关问题展开了深入讨论。与会专家认为，中国社会，无论是学术界还是民间，包括网络上出现了越来越强大的反思计划生育政策的声音，这种声音值得重视。目前生育政策带来的诸多问题，比如失独、年龄结构和性别结构失衡等，应未雨绸缪，及时调整，允许一对夫妇生育两个孩子，从而促进中国社会的可持续发展。

2013年秋季，中国宣布将放宽1980年开始实行的著名的“独生子女”政策，改变了施行30多年的“一胎化”计划生育政策，开始放开二孩，改变总体的人口政策。而中国前面所要面临的人口挑战还有很多。

第三节 人口思想个例研究

早在20世纪90年代，就有一些学者通过实证研究而敏锐地意识到，中国的总和生育率可能已经发生显著的下降。从中可以得到的推论是，严格的计划生育政策在取得预想的效果之后，应该予以放松，适度或者逐渐地放开二孩。

这些学者多数都比较温和。他们在2000年以后，并没有过于直接地挑战现行计划生育政策，但是他们的实证研究结果，某种程度上已经构成对于计划生育的反思。而且随着时间推移，2000年以后，支持改变“一胎化”计划生育政策的数据越来越充分，他们对于改变计划生育政策的态度也越来越明朗。尤其是2010年第六次人口普查数据公布以后，中国面临人口危机的趋势已经明朗，计划生育政策势必要做出重大调整。呼吁改变当时已经施行30多年的计划生育政策，逐渐成为人口学和经济学界的共识。

本节选择了这个过程中最具影响也最有代表性的几位学者，根据他们的研究工作展开讨论。这几位学者的研究领域并不完全一致，各有侧重，但将他们的研究工作综合起来看，构成了计划生育政策后期的一种反思性思潮。这几位学者分别是郭志刚、顾宝昌、李建新、曾毅和穆光宗。

中国人民大学的郭志刚教授很早就开始从家庭结构等方面研究中国的人口问题。1997年，郭志刚曾发表论文《新形势下对中国人口发展的思考》。他认为，在经济改革初见成效的情况下必须认识到，尽管经济有了较大发展，生育水平已处于较低水平，但中国的基本国情仍然没有发生本质变化，人口总量控制的任务并未完成，中国当前面临着多方面的人口问题和矛盾，各个方面的工作都要认真去做，但是多方面的问题中仍然存在主要矛盾和主要矛盾方面。因此，必须清醒认清各种问题之间的关系和各方面工作的位置，以避免眉毛胡子一把抓。该文主要就人口控制与人口老龄化之间的矛盾进行了分析，并提出解决人口老龄化问题和计划生育工作的改革都需要在服从控制人口增长的前提下来进行。由此可见，郭志刚虽然已经注意到当时生育已处于较低水平，但从整体国情考虑，仍认为不需要对计划生育政策做出较大幅度的调整。①

在此期间，郭志刚教授做了大量实证方法和实证检验工作。例如2002年，在《人口研究》上发表重要论文《总和生育率的内在缺陷及其改进》。郭志刚认为，年龄别生育率及其概括性指标总和生育率（TFR）是生育研究中最常用的指标体系，但是现在它们面临很多实际问题。郭志刚并没有具体讨论出生漏报导致统计失实的问题，因为其性质并不在于统计方法，而是一个社会问题。他的研究只局限于这一指标体系内在的有效性问题的方法论讨论。一个指标是否有效应该以研究目的为标准来判断，因此这一讨论将结合当前实际工作的需要来进行。一方面，需要改进指标，使得我们能更准确了解和预知人口变化水平；另一方面，相关指标也要有

① 郭志刚：《新形势下对中国人口发展的思考》，载于《人口与经济》1997年第2期，第3～8页。

效指示人口的结构性变化。①

2003 年，郭志刚与顾宝昌等学者在《人口研究》上发表题为《从政策生育率看中国生育政策的多样性》的论文。② 这篇论文的核心观点是，当时全国的政策生育率为 1.47，即完全遵循各地生育政策实施的后果就是，生育水平平均为每个家庭生育 1.5 个孩子。这个结果表明，在现行的生育政策下，三分之二的家庭只能生育一个孩子。但是如果逐步放开，逐步过渡到允许每对夫妇生育两个孩子，也是可行的，并不会造成人口失控。

此后，郭志刚进一步地用实证方法研究人口政策改变所可能导致的结果。2004 年，他发表论文《关于中国 1990 年代低生育水平的再讨论》。郭志刚根据全国第五次人口普查样本计算了 20 世纪 90 年代各年份的分性别平均初婚年龄，这一结果再次表明这一时期中初婚年龄有显著提高。该文还根据以往历次调查的各年份年龄别生育率按队列计算了累计生育率，结果发现 2000 年时各队列的累计生育率水平高于五普数据中各队列的平均活产子女数。该文还就队列累计生育率计算结果详细分析了 90 年代终身生育水平的趋势。这些分析从一个新的角度说明，90 年代各队列的终身生育水平也在发生显著的下降，正在接近现行生育政策所要求的水平。③

同时，郭志刚也用最新的模拟技术计算了放开二孩生育后，对整个社会可能产生的影响。郭志刚认为，人口预测经常被用来模拟生育政策调整，然而政策调整模拟有许多特点需要专门考虑。所以他在《关于生育政策调整的人口模拟方法探讨》一文中，对模拟生育政策调整的人口预测方法进行了探讨，指出常规生育率预测方法不能控制妇女孩次结构的缺陷，并介绍了年龄递进生育模型的应用。文章还建议有关政策调整的人口模拟应当尽量按不同生育政策类型人口来进行，指出采用连续变化生育参数的常规模拟方式不能反映政策调整的突变特性，其实并未模拟确切的政策调

① 郭志刚：《总和生育率的内在缺陷及其改进》，载于《人口研究》2002 年第 5 期，第 24～28 页。

② 郭志刚、张二力、顾宝昌、王丰：《从政策生育率看中国生育政策的多样性》，载于《人口研究》2003 年第 5 期，第 1～10 页。

③ 郭志刚：《关于中国 1990 年代低生育水平的再讨论》，载于《人口研究》2004 年第 4 期，第 16～24 页。

整方案。文章还针对以往政策模拟预测中的缺陷，提出了一些建议，并简评了考虑生育模式变化的模拟思路。①

在郭志刚看来，中国的低生育水平已经成为阻碍中国经济和社会发展的重要因素。因此，搞清楚低生育率的背景非常重要。确认了低生育率的影响因素，放开二孩生育、改变计划生育的政策建议也就不言而喻了。2008 年，郭志刚在《人口研究》上发表论文，探讨"中国的低生育水平及其影响因素"。他认为中国已经达到低生育水平，但对真实生育率却一直迷茫，人口规划与宣传口径与实际调查统计长期严重脱节。为了推进低生育水平研究，文章综述了低生育率类型的划分口径，并对若干生育率或出生漏报率的估计从方法上做了简要评论。借鉴国外低生育因素模型，文章对中国具体情况的研究发现：推迟生育对总和生育率具有显著压抑作用；而子女性别偏好对生育率的影响方式已经从多生转向性别导向的人工流产，因而也会显著降低生育率。文章还通过示意性测算表明，在低生育率研究中忽视其他抑制因素便会导致夸大出生漏报对生育率的影响。此外，文章还对近年人口流动对流出地和流入地乃至全国生育率的影响进行了分析。②

低生育水平自然会影响到人口数量和人口结构。郭志刚在《学海》杂志上发表论文，讨论"中国的低生育水平及相关人口研究问题"。郭志刚介绍了当前中国低生育率及其相关研究状况，指出社会和人口方面都存在着许多降低生育率的重要因素，而以往研究则因为思想方法问题忽视了它们的存在。该文还就低生育率新时期对人口形势判断及前瞻性研究中的新特点及实际中存在的问题进行了梳理与评论。郭志刚严肃地指出，当下必须及时扭转以往形成的片面观念和思维定式，否则将会在人口发展问题上贻误战机。③

2010 年，放开计划生育虽然已逐步成为人口学界和经济学界的主流共

① 郭志刚：《关于生育政策调整的人口模拟方法探讨》，载于《中国人口科学》2004 年第 2 期，第 2～12 页。

② 郭志刚：《中国的低生育水平及其影响因素》，载于《人口研究》2008 年第 4 期，第 1～12 页。

③ 郭志刚：《中国的低生育水平及相关人口研究问题》，载于《学海》2010 年第 1 期，第 5～25 页。

识。但是当时民间还能听到不少反对意见。所以，郭志刚就在《中国改革》杂志发表了题为《警惕人口控制矫枉过正》的论文。他提出，中国的人口结构已形成了巨大的负增长惯性。这就好比一辆高速行驶而又在下陡坡的汽车，急刹车无济于事，甚至更为危险。近 20 年前，中国就已进入低生育率时代，人口再生产发生了历史性转变。所以，人口政策必须随之改变。①

为了强调人口政策的重要性，郭志刚甚至使用了“人口风险”这样的概念。他在《国际经济评论》上发表题为《中国的低生育率与被忽略的人口风险》的论文。郭志刚认为，近 20 年来，政府发布的生育率口径与实际人口调查结果之间存在着巨大差距。这种情况是中国进入低生育率时期以来有关认识严重脱离实际的反映。实际上，出生和生育统计已经长期陷入一种轻视调查结果、过于依赖主观判断的统计怪圈。这种状况的延续不仅会导致对当前总人口规模和人口年龄结构方面的统计极可能存在严重偏差，而且还引向对人口老龄化风险性的忽略，误导对未来中国人口长期发展趋势的判断和决策。②

2010 年，中国做了第六次人口普查。结果表明，中国的人口形势相当严峻，比很多学者估计得都要严峻许多。2011 年，郭志刚开始系统性地检讨过去人口政策所犯的错误。他在《中国人口科学》上发表论文《六普结果表明以往人口估计和预测严重失误》。他以六普人口年龄结构为标准，模拟过去 20 年人口进程及其主要人口指标，然后与其他来源的人口指标进行了比较和分析。根据六普结果可以判断，1990～2010 年间的人口估计和预测存在的普遍问题是高估了出生人口数量、高估了生育水平、高估了人口增长，从而低估了人口老龄化程度。研究发现，由于高估出生和生育水平而导致的过分的统计调整，造成的偏差幅度甚至远远超过了原始调查统计的偏差，形成了严重的误导。这种状况反映出多年来人口统计上的迷

① 郭志刚：《警惕“人口控制”矫枉过正》，载于《中国改革》2010 年第 5 期，第 10～13 页。

② 郭志刚：《中国的低生育率与被忽略的人口风险》，载于《国际经济评论》2010 年第 6 期，第 112～126 页。

茫，思想认识脱离实际。①

在六普数据的现实基础上，郭志刚进一步强调了他的论点。他再一次在《国际经济评论》上发表论文，认为从现实数据来看，中国人口进入低生育率时期已经20年了，但长期以来人口研究对这种重大转变认识不足。全国第六次人口普查数据证实，以往严重高估出生水平和生育水平，低估人口老龄化进程，人口发展规划目标一再出现大幅落空。人口预测模拟结果表明，中国人口在21世纪中的主要矛盾已经由总人口规模问题转向人口年龄结构问题，未来人口老龄化来势凶猛。中国人口发展正处于极为关键的时刻，而以往人口理论宣传和估计预测中的偏向误导了对人口大趋势的正确把握，造成中国生育率严重过低，导致未来过度的少子化和老龄化的人口风险。②

很快，郭志刚又对六普人口调查数据进行了进一步的分析挖掘。他通过对中国第六次人口普查生育数据的分析发现，近年来，二孩和多孩的总和生育率比过去略有提高，而六普数据显示的极低生育水平的主要原因还是在于一孩总和生育率显著下降。其中居住于农村的育龄妇女的一孩生育率下降明显，其原因是近年来农村婚育年龄推迟，导致农村育龄妇女的未婚比例显著提高。在排除了六普育龄妇女孩次结构的影响后，六普的递进生育率水平实际上与2005年的水平相当。所以，从总和生育率降低的孩次特征及其影响原因来看，六普数据显示的低生育水平并不能简单归结为生育漏报。另外，六普数据反映出中国妇女终身生育水平已接近1.5，基本达到了现行生育政策的要求。③

2014年以后，二孩生育逐步开始放开，郭志刚开始转向其他人口问题研究。但是他仍然强调低生育率对中国可能造成的负面影响。2015年，他继续在《国际经济评论》上发表论文《清醒认识中国低生育率风险》。他认为，中国人口少子化和老龄化的发展速度和程度显著超出以往预期。面

① 郭志刚：《六普结果表明以往人口估计和预测严重失误》，载于《中国人口科学》2011年第6期，第2～13页。

② 郭志刚：《重新认识中国的人口形势》，载于《国际经济评论》2012年第1期，第96～111页。

③ 郭志刚：《中国人口生育水平低在何处——基于六普数据的分析》，载于《中国人口科学》2013年第2期，第2～10页。

对少子化、老龄化的人口新常态，人口领域需要有较大的改革。当前人口工作思路存在与人口现实之间的种种矛盾，问题的核心是对低生育风险缺乏足够清醒的认识，人口工作存在只重当下、罔顾未来的偏向。生育政策调整的实质是对过去计划生育过度的补救和改正，既是对生育率过低这一主要人口风险的应对，也是人口发展彻底转向正常化、均衡化的需要。①

中国人民大学的顾宝昌教授一直是中国人口问题研究的权威学者。顾宝昌教授牵头的“21 世纪中国生育政策研究”课题组从 2001 年起就中国生育政策调整的必要性和可行性进行了多方位的论证，并于 2004 年 6 月在中国人口学会举办的生育政策研讨会上提出了《关于调整中国生育政策的建议》，引起全社会对于中国继续采用计划生育政策问题的关注。为了检验二孩政策在中国社会中的可行性，2005 年开始，课题组在允许生育二孩的甘肃酒泉、山西翼城、河北承德、湖北恩施等地进行深入调研，用调查数据和学理分析，写成人口政策调研报告。

2003 年，顾宝昌与郭志刚等人在《人口研究》上发表了题为《从政策生育率看中国生育政策的多样性》的论文，非常明确地提出了改变现有计划生育政策、逐步地放开二孩生育等政策建议。

顾宝昌牵头的课题组在此基础上，于 2004 年提出了《关于调整中国生育政策的建议》。建议提出，中国应施行“分类实施、逐步放开、两步到位、平稳过渡”的人口政策调整方案，并将生育政策调整问题提上议事日程，还不妨在一些地方进行试点。这份建议引起中国人口学会的重视，也在社会上产生很大的反响。但是，这份报告仍然没有完全打消人们的顾虑。

2008 年，顾宝昌又在《人口研究》上发表论文，认为目前对中国生育政策问题的不同意见和争论，主要反映在三个方面：（1）生育水平与生育政策的关系。有人认为，生育水平取决于生育政策，生育政策越松生育水平就可能越高。目前中国比较低的生育水平主要是由比较严的生育政策所致。如果生育政策放宽，就势必造成生育水平反弹；但也有人认为，生

---

① 郭志刚：《清醒认识中国低生育率风险》，载于《国际经济评论》2015 年第 2 期，第 100～119 页。

育水平与生育政策虽然有重要的关系，但并不是生育政策越宽松生育水平就越高的关系，适度的、宽松的生育政策并不会造成生育水平的反弹。（2）出生性别比与生育政策的关系。有人认为，中国长达20多年的出生性别比失调问题和比较严的生育政策没有关系，主要是由重男轻女造成的。即便是生育政策放宽，也解决不了出生性别比失调的问题；但也有人认为，较严的生育政策催化了出生性别比的偏高，相对宽松的生育政策可以缓解出生性别比的失调。（3）计划生育工作与生育政策的关系。有人认为，目前计划生育工作得以开展就是靠比较严的生育政策，如果生育政策放宽了，计划生育工作就没法干了；但也有人认为，目前计划生育工作之所以不好干，就是因为生育政策不尽合理，严格的生育政策已实行多年，当情况已经发生了变化的时候，如果再不及时调整政策，计划生育工作将难以更好地开展。①

2009年，顾宝昌教授主编的《八百万人的实践：来自二孩生育政策地区的调研报告》终于出版。顾宝昌教授牵头的“21世纪中国生育政策研究”课题组在2005～2007年期间陆续对甘肃省酒泉、山西省翼城、河北省承德、湖北省恩施等多年来实行“一对夫妇可以生育两个孩子”政策地区的人口状况进行了多角度、多方位的深入调研，并在此基础上形成了丰富生动的调研报告，目的是在实践中回答当前中国人口态势和生育政策争论的三个焦点问题，即生育水平与生育政策的关系、出生性别比与生育政策的关系，以及计划生育工作与生育政策的关系。这本书的出版，极大地打消了很多专家学者对于放开二孩所可能导致结果的顾虑。

对于中国的人口统计，学界一直存在争议。2006年，王金营就对中国计划生育政策的人口效果进行了评估。他利用人口动力系统的人口发展方程，通过对不同方案1972～2000年间人口变动的模拟比较，发现计划生育政策实施的28年间中国累计少出生人口在2.64亿～3.20亿之间，总人口累计少增加2.31亿～2.99亿。同时，计划生育政策对人口出生率降低的最小贡献为57.88%，对人口自然增长率的降低贡献了61.21%。计划

① 顾宝昌、宋健、刘爽、王金营、江立华：《二孩生育政策地区的实践及启示》，载于《人口研究》2008年第4期，第33～49页。

生育政策的实施，使总的劳动负担得到减轻，使中国在20世纪末21世纪初迎来人口年龄结构的“黄金时期”，为社会经济发展提供最佳的机会、人力资源和条件，为实现人口可持续发展创造了可选择的良好人口环境和初始条件。①

2009年，顾宝昌在《人口研究》上发表了名为《再论中国生育水平》的论文，也直接讨论当前中国人口的统计问题。之所以中国生育水平的讨论成为近年来人口研究中一个争论不休的热点话题，是因为它在判断中国的人口态势上实在有着举足轻重的意义。2000年的第五次人口普查所报告的总和生育率为1.22的结果一公布就被普遍认为是“不可接受的”，连主持人口普查的国家统计局都认为是“偏低”了。在2003年又发布了把2000年的总和生育率调整为1.4的结果。但即便如此也没有平息争论，反而围绕着什么是中国目前的生育水平，出现了众说纷纭、烽烟四起的局面。在认为常规人口统计数据不可信的情况下，人们不得不另辟蹊径，寻找能够帮助我们判断目前中国生育水平的其他方法。其中一个被热衷的思路就是运用教育统计来估计生育水平，但是仍然存在许多问题。在这种局面下，顾宝昌认为综合考虑各种估算方法，中国的生育水平不断降低且难以反弹的趋势不可否认。在此情形下，中国必须认真思考放开二孩的生育政策，改变现有的计划生育政策。②

此后，关于中国应当改变计划生育政策的观点逐渐为学界和大众所接受。顾宝昌又从学理层面，进一步检验生育意愿、生育行为和生育水平。2011年，顾宝昌发表论文《生育意愿、生育行为和生育水平》，实证地讨论了中国人的生育行为的特征。③

北京大学社会学者李建新教授一直从事与人口相关的研究。早在2001年，他就在《人口研究》上发表论文《也论中国人口数量与结构问题——兼与翟振武教授等商榷》。在论文中，李建新就翟振武等学者的“在中国

① 王金营：《中国计划生育政策的人口效果评估》，载于《中国人口科学》2006年第5期，第23～32页。

② 顾宝昌、蔡泳、陈友华、陈卫：《再论中国生育水平》，载于《人口研究》2009年第4期，第24～45页。

③ 顾宝昌：《生育意愿、生育行为和生育水平》，载于《人口研究》2011年第2期，第43～59页。

人口问题中，数量问题仍然是第一位”“规模问题第一位，结构问题第二位”等观点进行了讨论。李建新明确提出，“不是数量第一，结构第二，而应该是数量与结构并举”“数量与结构统一”。对此，该文做了论证。对于中国未来人口发展战略，就人口数量目标而言，李建新并不赞同人口负增长战略，而主张人口可持续不减。① 这是个人口学的纯学术问题，但其中暗含了要推动人口政策调整的政策意味。

2002 年，《人口研究》杂志组织了一场讨论，由翟振武教授作为主持人，邀请李建新、李小平和刘爽三位学者分别就“中国人口数量究竟多少亿才合适”展开讨论。李建新再一次强调了自己的观点，不应该单纯追求人口的数量目标，而是要注重数量与结构的协调统一。这场争论也在学术界内外产生了深远的影响。②

2003 年，李建新再一次在《人口研究》上撰文讨论中国的人口政策问题。这一次，他借用了公共经济学里的“公用地悲剧”理论来描述中国人口政策的困境。1968 年，美国学者哈丁（Hardin）发表了其著名的论文《公用地悲剧》。在论文中，哈丁借用牧人使用无人管理的集体牧场的例子阐明了“集体资源的自由使用会毁灭整个集体资源”的观点。哈丁发现，发展中国家人口的增长属于这样的“公用地悲剧”。但是令哈丁意想不到的是，当今发达国家的人口似乎陷入了一种与发展中国家相反的另一种困境。当前，对于中国人口来说，我们应当吸取发展中国家和发达国家人口变迁的经验，摒弃两种人口困境的“风险”，超越“左或右的辨析”，寻求中国人口发展的中庸之道，寻求中华民族的可持续发展之道。③

此后，李建新教授的研究逐渐转向对中国生育率的实证研究方面。通过对中国真实生育率的研究，李建新逐渐发现，中国生育率存在“滞后与压缩”这样的特征。第二次世界大战之后，广大发展中国家的人口转变与发达国家相比，有很大的不同。其中，人口生育率转变滞后于死亡率的转

---

① 李建新：《也论中国人口数量与结构问题——兼与翟振武教授等商榷》，载于《人口研究》2001 年第 5 期，第 18～27 页。

② 翟振武、李小平、李建新、刘爽：《中国人口数量：究竟多少亿才合适》，载于《人口研究》2002 年第 4 期，第 40～53 页。

③ 李建新：《“公用地悲剧”与中国人口思考》，载于《人口研究》2003 年第 2 期，第 7～12 页。

变就是一个十分显著的不同点。中国作为人口最多的发展中国家不仅具有这种生育率转变的滞后特征，而且还形成了由于现代化发展失去机遇而追赶时间式的“压缩性”特征。滞后与压缩是中国人口生育率转变独有的特征。①

基于这样的人口特征，我们可以推导出结论，中国学者在认识人口数量问题上存在严重的偏见。2008 年，李建新发表论文，认为当前无论是在认识上还是在实践中，都存在对中国人口数量问题的建构与误导。这不仅表现在对中国净增人口的“高估”上，也表现在对生育水平反弹的“夸大”上，还表现在对少部分人群“合理超生”的“小题大做”上。李建新指出，我们迫切需要依据科学发展观对中国人口问题特别是数量问题进行重新认识、重新界定，需要对旧有认识范式基础上现行生育政策进行深刻的反思。②

2009 年，李建新又发表了一篇题为《开放生育政策、天塌不下来》的论文，直截了当地提出了开放二孩生育的政策建议。李建新直接对学界提出批评，认为学界自设禁区，不敢讨论计划生育。

媒体界有一句座右铭：“若批评无自由，则赞美无意义！”李建新认为，关于中国人口计划生育的成就赞美太多了，而关于计划生育政策的批评反思却成了学术界不能公开的敏感“禁区”。改革开放 30 年还存在着没有解放的学术“禁区”，实在令人匪夷所思。其实这是中国 30 年人口计划生育的副产品。30 年来计划生育广泛深入地宣传，彻底改变了国民对中国人口问题的基本看法：中国众多的人口已成为洪水猛兽。这种数量上的“妖魔化”，才有了讨论计划生育政策的“禁区”。仿佛一谈论计划生育政策，就会天下大乱，就会出现不可挽回的人口生育大反弹，天就会塌下来。而大量研究表明，计划生育政策与当前生育率的现实情景也不再相配。如果继续控制计划生育，不放开二孩，有可能对经济和社会造成严重的后果。所以，李建新大声疾呼，学界首先要打破进去，敢于就这个重大

---

① 李建新、涂肇庆：《滞后与压缩：中国人口生育转变的特征》，载于《人口研究》2005 年第 3 期，第 18 ~ 96 页。

② 李建新：《中国人口数量问题的“建构与误导”——中国人口发展战略再思》，载于《学海》2008 年第 1 期。

问题发表意见，然后才能在科学研究的基础上做出正确的政策建议。①

2011年，李建新再一次发表论文，明确提出“30年的计划生育政策亟须改变”。这一次，李建新不再遮遮掩掩，而是明确提出，需要改变计划生育政策，放开二孩。这一明确的呼吁，在全社会都产生了影响。②

此后，由于改变计划生育政策、放开二孩逐渐成为学界共识，李建新转而探索放开现行计划生育政策的可行性。他发表论文，借助2010年中国社会科学院人口与劳动经济研究所和江苏省人口计划生育委员会在江苏省联合实施的“生育意愿与生育行为研究”跟踪调查数据，运用Binary Logistic回归模型对不同政策人群生育理想、生育意愿问题进行分析，当纳入代际、教育程度和收入等社会经济地位变量后发现，不同政策人群在理想生育子女数上，无政策人群更有可能多生，但在意愿子女数上并无显著差异。据此提出可适当进一步放开现行计划生育政策的建议。③

此后，随着2013年以后二孩逐渐放开，李建新的呼吁取得了成效，他也逐渐转向新的学术课题。2014年，他又发表了一篇论文，再一次用新的经济学理论论证了人口生育政策改革的必要性。自20世纪70年代以来，中国人口出生率迅速下降，并保持较低的生育水平。中国人口计划生育政策固然控制了人口数量的快速增长，同时也导致了人口结构方面的问题，其中人口少子老龄化是对社会经济发展影响最大的问题之一。在生育更替水平之下，生育水平越低，人口少子老龄化越是一个劳动力人口数量持续下降、劳动力人口内部年龄结构老化的变动趋势，越是一个极短时间内丧失人力资本大国地位的变化过程。生育水平越低，未来社会最具创新能力的人口和最具创新潜力的人口下降速度越快，越是一个社会活力、国际核心竞争力丧失的加速过程。提高生育率至更替水平，是保持中国人力资本及存量大国地位的根本所在。④

---

① 李建新：《开放生育政策，天塌不下来》，载于《共识》2009年秋刊第2期。

② 李建新：《30年的计划生育政策亟须改变》，载于《商务周刊》2011年第1期，第31～32页。

③ 李建新、李娜：《中国放开现行计生政策的可行性——基于江苏省不同政策群体生育理想、生育意愿的调查》，载于《探索与争鸣》2012年第7期，第6～10页。

④ 李建新、夏翠翠：《人口生育政策亟待全面彻底改革——基于人力资本、创新能力的分析》，载于《探索与争鸣》2014年第6期。

北京大学中国研究中心的曾毅教授主要从事老年经济学问题研究，但同时也一直关心人口问题。他的大多数研究以英文形式在国外发表，不过也在国内媒体上发表了一部分研究，产生了不小的影响。

2005 年，曾毅就发表了《以晚育为杠杆，平稳向二孩政策过渡》的论文。在这篇论文里，曾毅认为，目前取消生育间隔政策而允许生二孩条件不变的弊远大于利，其中最大的弊端在于它实际上是为生育政策平稳调整设置障碍。目前取消只适用于少数人的间隔政策，而作出牺牲最大、流引产与被罚风险最大的大多数一孩夫妇的权益得不到改善，而且在为一孩夫妇的权益改善（即生育政策调整）设置障碍，实际上是一种社会不公。晚育是一根有力的“杠杆”，运用好了，可以在国家能够承受的“人口增量”范围内，实现平稳向二孩政策过渡的软着陆。

所以，曾毅虽然已在思考改变计划生育、放开二孩的人口政策，但是对于这个过程仍有很多疑虑。在他的设计里，中国应当设法逐步过渡到二孩政策，使得二孩政策“软着陆”，避免对现有人口政策以及经济模式产生较大的冲击。①

2006 年，曾毅在《中国社会科学》上发表论文《试论二孩晚育政策软着陆的必要性与可行性》，率先提出对于二孩政策的思考。曾毅应用 2000 年人口普查等数据，对现行生育政策不变与“二孩晚育软着陆”等不同政策方案下未来 80 年中国城乡人口、老人与独居老人比例、劳动力资源、退休金缺口率、女性婚龄人口短缺等进行了模拟预测与对比分析。研究结果表明，“二孩晚育软着陆”方案人口总数在 2038 年达到 14.8 亿峰值后平缓下降，其在今后 80 年老人与独居老人比例、老年抚养比、劳动力资源、退休金缺口率、避免出生性别比长期偏高等方面均优于现行生育政策不变方案。② 这篇文章在学术界产生了较大的反响，促使更多经济学者和人口学者开始思考二孩政策的可行性。

2009 年，曾毅发表《二孩晚育软着陆方案有利于解决中国出生性别

① 曾毅：《以晚育为杠杆，平稳向二孩政策过渡》，载于《人口与经济》2005 年第 2 期，第 7 ~ 14 页。

② 曾毅：《试论二孩晚育政策软着陆的必要性与可行性》，载于《中国社会科学》2006 年第 2 期，第 93 ~ 109 页。

比例偏高问题》的论文，认为现行农村只允许独女户生二孩的“一孩半”政策有两方面的负面影响：（1）“一男孩价值二女孩”的心理暗示作用助长了重男轻女、产前性别鉴定与流产女婴；（2）“一孩半”政策本身造成了二孩女孩出生数结构性减少。通过家庭人口预测两性平衡模型分析可以看出，即使在完全相同的出生性别比假定条件下，如果保持现行生育政策不变，中年男子因婚龄女性短缺而找不到妻子的问题也要比“二孩晚育软着陆方案”严重得多，尽快启动“二孩晚育软着陆”是解决中国出生性别比偏高严重问题的有效途径之一。在这篇论文里，曾毅进一步肯定了二孩政策对于现有人口结构的改善作用。①

2012 年，曾毅对于二孩人口政策的态度更为明确与肯定。他发表了名为《普遍允许二孩，民众和国家双赢》的论文，基于对 2010 年第六次人口普查的新数据的深入分析研究，认为尽快实行“普遍允许二孩与提倡适当晚育”的生育政策，将避免现行生育政策不变与只开放双单独生二孩方案存在的诸多弊端，将显著缓解人口老化和劳力资源萎缩，既满足群众生二孩意愿，又避免生育堆积，造成人口失控，是民众和国家的“双赢”。②

2013 年，曾毅更是直接发出了“生育政策不变，危机复兴大业”的强力呼吁。他认为，若现行的生育政策不变，将加快“刘易斯拐点”魔咒的到来，使中国生育率过低、人口过度老化和劳力资源快速萎缩，将严重削弱国家竞争实力，危及中华民族复兴大业。此后，北京大学中国经济研究中心教授曾毅撰文，驳斥“保持现行生育政策不变可以提高人口素质，有利于开发教育红利和制度红利，而推迟‘刘易斯拐点’魔咒到来”的观点。③

2013 年，曾毅、顾宝昌和梁建章出版了《生育政策调整与中国发展》一书。在这本书里，他们应用 2010 年人口普查等最新数据和理论分析，通俗易懂地论证尽快调整现行生育政策将大大有利于实现人口与经济社会

① 曾毅：《二孩晚育软着陆方案有利于解决中国出生性别比偏高问题》，载于《社会科学》2009 年第 8 期。

② 曾毅：《普遍允许二孩，民众和国家双赢》，载于《社会观察》2012 年第 9 期，第 23～25 页。

③ 曾毅：《曾毅：生育政策不变，危及复兴大业》，载于《上海经济》2013 年第 8 期，第 12～13 页。

均衡发展。[①]

随着生育政策的改变，2015 年，曾毅又发表了《尽快实施城乡普遍允许二孩政策既利国又惠民》的论文。曾毅认为，根据中国当前国情和客观存在的人口规律，以及基于 2010 年人口普查和相关近期调查等新数据分析，应尽快在 2015 年进行摸底准备，2016 年在全国城乡实施“普遍允许二孩”政策，即在生育势能大的农村欠发达地区，在实施“普遍允许二孩”政策前提下提倡适当晚育以避免出生堆积，在自愿晚育少生已成常态的城镇和较发达农村地区则一步到位而无须晚育政策。这既满足了民众生二孩的愿望，又绝不会导致人口失控，是切实可行的国家百姓“双赢”方案。它在众多方面大大优于只开放单独，非常有利于促进人口经济社会均衡发展。[②]

除此之外，北京大学的穆光宗教授一直是中国人口政策和中国老龄化研究的重量级学者。2010 年，穆光宗在《人口与发展》杂志上发表论文，主张“还原马尔萨斯和马寅初人口思想的历史价值”。穆光宗认为，在人口思想史上，马尔萨斯及其《人口原理》、马寅初及其《新人口论》都是无法绕过去的里程碑人物和文献，其历史功绩不容抹杀。马尔萨斯的重要思想贡献是注意到了生活资料供应对人口增长和生存的制约性，并且看到了人类主观能动性作用的光明空间。马寅初所生活的时代是高度集权的计划经济时代，他提出国家理应有干预生育之权，所论的是“制度性抑制”。到了崇尚人权、自由和发展的市场经济时代，就要从“制度性抑制”拓展到“制度性保障”。家庭享有生育自主之权，政府则有生育保障之责。

中国并不是不需要计划生育，只是在变革和发展的年代需要赋予其新的内涵。中国需要民主计生、人文计生、福利计生。[③] 在中国的语境下，无论马尔萨斯还是马寅初，都与计划生育的人口政策紧密联系在一起。所以，反思马尔萨斯与马寅初，就已包含了对于计划生育政策的反思。

---

① 曾毅、顾宝昌、梁建章、郭志刚：《生育政策调整与中国发展》，社会科学文献出版社 2013 年版。

② 曾毅：《尽快实施城乡“普遍允许二孩”政策既利国又惠民》，载于《人口与经济》2015 年第 5 期，第 115～126 页。

③ 穆光宗：《还原马尔萨斯和马寅初人口思想的历史价值》，载于《人口与发展》2010 年第 3 期，第 87～100 页。

第二年，穆光宗又发表了题为《稳定适度低生育水平的新思考》的论文。在这篇论文里，穆光宗敏感地指出，李克强副总理在2010年9月指出，“在新的形势下进一步做好人口计生工作，要按照加快经济发展方式转变、调整经济结构的要求，在稳定适度低生育水平的基础上，更加重视提高人口素质、优化人口结构，促进人口合理分布，着力提高人力资本和劳动者素质对经济增长的贡献率，努力将中国人口多的压力转化为人力资源丰富的优势”。这就意味着高层在2010年对生育控制的认识出现了一个重大的变化，提出要“稳定适度低生育水平”的重大战略思想，意味着生育率既不是越高越好，也不是越低越好。解决新时期中国人口问题，必须继承创新。

同时，穆光宗也对计划生育30年的历史进行了反思。2010年，正逢《中共中央关于控制中国人口增长问题致全体共产党员、共青团员公开信》发布30周年，有关部门也搞了很多纪念《公开信》的活动，同时推动对于当前人口政策的进一步反思。穆光宗撰文表示，《公开信》的发布，成为中国人口发展和社会发展的重大转折点。从人口增长、人口控制和人口问题3个角度可勾勒出中华人民共和国成立以来中国人口发展的历程。后《公开信》时代的新人口问题，集中表现在少子高龄化和性别失衡两大挑战上。真正“以人为本”的人口控制应降低非意愿的不育率、非意愿的生育率。为实现适度低生育水平、实现人口长期均衡发展，主张“人口优化”理论：一方面，淡化人口数量的硬性控制，实现家庭计划的自主性和社会计划的保障性；另一方面，优化人口生态的演进控制，保障人口生态的多样性和持续性。“还权于民，赋权于民，造福于民”是人文计生、和谐计生和幸福计生的核心价值取向，在意愿低生育普遍出现的新时期，“减少一胎、鼓励两胎”才是符合中华民族大利益的战略选择。①

2012年，人口政策问题愈发引起学界的关注。郑晓瑛、左学金、顾宝昌、彭希哲、解振明与穆光宗等学者共同发表了一篇题为《重新认识中国人口问题——纪念马寅初先生诞辰130周年》的重要文章。在这篇文章

---

① 穆光宗、张团：《十字路口的中国人口：危机与挑战——〈公开信〉前后的人口问题和中国道路》，载于《思想战线》2011年第3期，第1～8页。

里，众位学者高度评价了马寅初的人口思想，重新阐释了马寅初人口思想在过去与当下的意义。同时，大家也明确提出，当下应当继承马寅初的精神，重新认识中国人口问题。计划生育政策已经施行了超过 30 年，对控制中国人口、促进经济发展起到了巨大的作用。但是到了今天，随着中国经济发展和社会发展的需要，我们有必须重新反思人口政策，不能再简单照搬推行过去的政策。

同一年，穆光宗在另一篇单独的论文里，进一步讨论了马寅初的人口思想，并在此基础上提出了“人口优化理论”。马寅初在《新人口论》中提出生两个孩子有奖、胎儿也有生命权、反对人工流产等观点，至今仍有重要的现实意义。但是现代人口转变的实现使中国进入了一个人口学意义上的“后马寅初时代”，当今中国所面临的人口问题迥异于马寅初时代。人口控制理论认为出生人口是负担，理论依据是“人均概念”。孩子负担论也有违人口生命历程理论，是对人口增长效应不完整的诠释。人口控制理论是特定历史阶段的认识产物，具体说是与计划经济体制和人口增长过快两大国情相关的人口理论，有其不可抹杀的历史贡献，但在新的历史条件下也有显而易见的局限和不足。该文提出了中国特色人口优化理论的初步构想，彰显出三大价值追求，即追求人口的持续发展、均衡发展和积极发展。穆光宗还界定了“人口优化”的含义，提出了“人力资本”的新解释框架，从人口的决策优化、队列优化、代际优化、遗传优化、环境优化、生态优化六个方面提出了实现“人口优化”的路径选择。其中比较重要的人口生态优化，又包括了人口数量的优化、人口素质的优化、人口结构的优化和人口分布的优化。成功的人口发展就是要强化人口优化的力量和趋势，同时消解人口劣化的力量和趋势。①

2013 年，穆光宗再一次明确提出“正视超低生育率的危险”。他认为，以减少人口增量控制人口总量的观点是表象之见，殊不知人口年龄结构和性别结构失衡的代价过于巨大。中国应及时提振生育率，防范人口亏损。所以，调整施行 30 多年的计划生育政策，放开二孩生育，应是中国

---

① 穆光宗：《人口优化理论初探》，载于《北京大学学报（哲学社会科学版）》2012 年第 5 期，第 86 ~ 99 页。

人口政策改革的关键。①

2014 年，穆光宗在《学海》杂志上发表论文，提出“重新认识人口增长的性质和价值”。他明确提出了“人口优化理论”的三个基本主张，即实现有品质（内涵）的人口增长、有保障（条件）的人口增长、有贡献（价值）的人口增长，最终实现负责任的成功的人口发展。“人口继替”是人口发展的基本规律。有品质的人口增长要全面、均衡地提升人口的素质。应重视“人口生态优生”，和谐共生的人口关系保障人口优生。人口增长的保障性包括了内部保障和外部保障。人口增长的内部保障是指男女老少人口的供求关系相对平衡、城乡人口以及不同行业人口的供求能互相支持和满足。人口增长缺乏内部保障表现在可婚女性人口亏损、家庭子代人口亏损、年轻人口供给亏损。人口红利的实质是人口的社会贡献。最后提出鼓励二孩生育的政策建议。②

2014 年后，调整计划生育政策、放开二孩已成为事实。穆光宗则继续从理论层面论证中国人口政策的选择策略和认识方法。他发表了《完善人口政策的策略选择》一文，讨论认为，无论历史如何变幻，都改变不了生育权是天赋人权和自然权利的本质。国家和政府只有尊重、爱护和保障的责任，而没有限制、剥夺和损害的权力。长期的极端低生育率状态不利于人口发展，不利于社会和谐，不利于民族复兴。③

2015 年，穆光宗在《人口与社会》上发表《中国人口生育政策该何去何从：从近年的争论和讨论》一文。这篇论文通过回顾中国人口生育政策的历次调整及相关争论，指出完善当前人口生育政策迫在眉睫。现行计划生育政策存在的弊端和隐患主要有：孕产妇女为计划生育付出了沉重的健康代价；人口性别比失衡；家庭养老功能弱化；养老金缺口扩大；年轻人口亏损；国防安全存隐忧。基于上述分析提出，中国的人口生育政策早日开禁是上上之选，应坚持正确的人口价值观，回归计划生育的本意，以家庭计划为主，社会计划为辅。可以说，穆光宗这篇论文对持续多年的人口政策的争论作出一番精到的梳理，并总结了诸多学者专家的意见。

① 穆光宗：《正视超低生育率的危险》，载于《中国经济报告》2013 年第 12 期。
② 穆光宗：《重新认识人口增长的性质和价值》，载于《学海》2014 年第 1 期。
③ 穆光宗：《完善人口政策的策略选择》，载于《学术界》2015 年第 8 期，第 245 页。

本节主要选取了郭志刚、顾宝昌、李建新、曾毅和穆光宗等几位学者，进行个例层面的分析和讨论。这几位学者都具备扎实的人口学、经济学实证研究功底，都在 2000 年以后对严格的计划生育政策提出了批评。同时，他们又都是比较温和的学者，主要依靠不断公布的统计调查数据和深入的数据分析提出政策建议。他们自身的学术观点都表现出一个渐进的特点，他们的思想变化，也标志着中国人口学研究的不断进步。

第七章

反思时期：2013~2019年

第一节　人口政策的转变

2013 和 2015 年末，中国连续对生育政策进行了调整，分别实施“单独两孩”和“全面两孩”政策，这是自 1980 年中国施行计划生育政策以来的一次巨大的调整。严格的计划生育政策终结，也表明中国的人口结构、人口问题发生了根本性的改变。

2014 年，梁建章、李建新与黄文政出版了《中国人可以多生！反思中国人口政策》一书。在这本书里，他们再一次论证了两个核心问题。第一，中国到底会有多少亿人；第二，人多是否耽误共富？此外，他们还在人口分析的基础上，进一步讨论了 21 世纪中国可能面临的问题；日本经济在人口问题上遭遇的挫折和中国应当从中汲取的教训；人口与资源；人口与环境；性别失衡与家庭风险等重要问题。作者对计划生育政策的否定意见，有助于进一步科学制定中国的人口发展规划与具体政策，具有积极的社会意义。①

所以，梁建章等认为，必须对中国的计划生育政策进行全面的检讨。单纯放开单独二孩是远远不够的，而是应该全面放开二孩。即便全面放开二孩，恐怕也已为时过晚，还需要其他的人口政策。2015 年，梁建章、黄文政与李建新发表文章，明确指出人口危机正在挑战中国，完全放开计划生育刻不容缓。②

到了 2015 年底，中央终于宣布全面放开二孩，梁建章等的建议得到了采纳。

任远认为，全面放开二孩之后，中国需要在新时代推行“新计划生

---

① 梁建章、李建新、黄文政：《中国人可以多生！反思中国人口政策》，社会科学文献出版社 2014 年版。

② 梁建章、黄文政、李建新：《人口危机挑战中国，放开生育刻不容缓》，载于《决策与信息》2015 年第 2 期，第 10～61 页。

育”政策。[①] 旧的政策已经废除，而留下的很多问题，需要新的政策加以调节和指导。需要“新计划生育”政策的主要理由如下所述。

第一，新时代需要“新计划生育”，是中国的计划生育工作需要回归到世界家庭计划工作的主流。国际社会的家庭计划，发端于 19 世纪末期以后提倡避孕节育和生育控制，以及提倡优生的实施。特别是在 20 世纪中期以后应对全球人口爆炸，通过实行家庭计划项目、提供避孕节育服务，并使家庭计划成为全球社会运动。所谓家庭计划，综合国际计划生育联合会和世界卫生组织的定义，是为家庭和夫妇提供信息服务和技术服务，促进其理性的生育决策、生育间隔和生育时间，提高其个体的健康水平，减少不合法的避孕，减少婴儿死亡率，提供技术服务减少经性行为传播的疾病，防止未意愿的怀孕。

家庭计划以女性和其生育决策作为工作的核心，重视对女性的赋权和生育自主决定。人口的生育行为受到一系列外在因素（包括婚姻状况、就业、经济状况、健康状况等）的影响。家庭计划的内容包括避孕套的使用，以及通过其他方式控制生育的时间、性教育、预先计划的咨询和对不孕不育的管理等。

国际社会的家庭计划和中国的计划生育有密切的关联，都强调通过提供避孕服务来降低生育率，中国的计划生育本身就是全球家庭计划社会运动的组成部分。但是与尊重家庭的生育理性和生育权利，强调对家庭生育行为进行指导服务和间接干预不同，中国的计划生育具有很强的行政性和对生育行为的直接调控，这是中国计划生育的特点。

而在后人口转变时期，推动中国的计划生育向“新计划生育”转变，一定意义上是中国的计划生育回归世界家庭计划潮流的主流。同时，中国计划生育在后人口转变时期的工作内容、工作方式、工作目标的转型和实践，也仍然具有中国社会的特色，也意味着中国基于其具体实践对国际社会家庭计划的进一步丰富和探索。

第二，新时代需要“新计划生育”，在于中国的计划生育制度本身需

① 任远：《新计划生育：后人口转变时期计生制度的转型》，载于《探索与争鸣》2018 年第 4 期，第 102～108 页。

要在社会经济环境变化、人口格局变动下进行适应性的改革完善。中国的计划生育制度从20世纪50～60年代逐步成形，通过制度化和法制化构建以后，其未来的转型发展存在一个改革的路径依赖和制度变迁的连续性。

第三，新时代需要“新计划生育”，在于国家计划生育职能部门和人口公共管理部门，需要负责任地对20世纪80年代实施严格的计划生育政策以后所带来的一些副产品和负面影响提供补偿性的公共服务。例如对失独家庭、残独家庭的社会扶助，对计划生育家庭的养老问题、计划生育家庭的妇女健康损害等问题提供必要的公共服务和公共支持。“新计划生育”意味着需要对过去计划生育制度和政策实施的影响具有延续性的责任，而政府责任也是现代国家治理的基本要求。

“新计划生育”需要重视对计划生育所产生影响的一些社会问题提供公共支持，其实质也在于，如果说计划生育工作促进了人口转变带来了积极的人口红利，那么需要将部分人口红利转而投资于、服务于人口本身和人口变动。因此，政府有责任积极处理失独家庭、残独家庭的扶助问题，同时在家庭功能弱化以后更需要增强对养老、幼托、健康、教育等社会事业和社会支持体系的建设。而这些家庭和福利制度建设，本质上也构成了对家庭和生育的支持机制，有利于促进形成一个更强的生育、家庭和社会福利体制。

不管怎样，一胎化计划生育政策对中国人口结构产生了深远的影响。2015年，穆光宗进一步总结反思过去几十年施行的一孩化政策。他认为：第一，一孩化政策加速了大国空巢。生育一孩化加速了家庭规模的小型化和家庭结构的核心化进程。据统计，中国空巢老人数量2013年突破1亿大关，全国老年空巢率平均接近40%。实际情况更为严重，独生子女父母空巢率很高，因为独生子女外出求学、工作和生活，很多独生子女父母中年就已处于空巢状况。由于生育的少子化和年轻人口外出，不少乡村出现空心化趋势，农村老人的空巢率很高，代际居住的分离导致赡养—照料的“代际脱离”，老年安全问题将普遍出现。除了“未富先老”和“未备先老”外，“孤独终老”也是中国人口老龄化的重要特征，将贯穿21世纪，贯穿独生子女父母和独生子女自身两代人的生命历程。空巢空心，空巢无助，老无所依，晚年如何安顿、幸福如何保障？独生子女家庭将经历两三代“痛苦老龄化”的过程，这是一个全新的人道主义问题。

古语说，“积谷防饥、养儿防老”。无论是家庭养老还是社会养老，都必须依靠儿女子孙和年轻劳动力的支持。人口问题既需要外看，即人口与资源环境、经济社会的互动关系；更需要内观，即分人口或者亚人口（sub-population）之间的依赖关系。人口长期均衡发展的关键在于保护人口生态的内部平衡，人口失衡、人口崩塌将诱发社会危机。

第二，一孩化政策诱发了性别失衡。性别失衡所导致的婚姻挤压本质上是严峻的人口生态失衡危机，根本上是过于严格、狭小的生育选择空间和过于强烈、偏执的偏男生育意愿相互冲突和挤压的产物。由于 20 世纪 80 年代以来持续、普遍、严峻的出生性别比失调，导致婚配性别比失衡，迄今产生了至少 3000 万的男性光棍。根据原国家人口和计划生育委员会参与发布的《2012～2013 年中国男女婚恋观调研报告》，中国 80 后非婚人口男女比例为 136∶100，70 后非婚人口男女性别比则高达 206∶100。70 后已成“剩男”重灾区，30～39 岁男性中有 1195.9 万人处于非婚状态，而同年龄段女性中有 582 万人处于非婚状态。剩男剩女现象的蔓延降低了婚内生育率，进一步加剧了超低生育率，危及人口自身的可持续发展。此外，剩男问题具有“狼性人口”的自然属性，极可能诱发性犯罪等群体性行为，严重破坏社会稳定，危及经济社会的和谐发展。

第三，一孩化政策造成了人力短缺。持续的低生育率已经产生“青年赤字”，导致劳动力短缺和国防人力资源短缺，中国正逐步丧失人力资源相对充裕的优势，经济安全和国防安全问题凸显。2012 年，中国 15～59 岁劳动年龄人口减少了 345 万，突破刘易斯拐点，拉开了人力资源短缺的帷幕。严格的生育独子化和持续的人口少子化导致最富有创造力、生产力、消费力、威慑力和战斗力的年轻人口规模和比重的下降。据测算，中国 18～22 岁年龄段的青年人口 2008 年达到峰值的 12540 万左右，以后逐渐下降，到 2020 年同年龄段的人口只相当于 2008 年的 56.2%，只有 7000 万左右。未来 10 年中国 18～22 岁的人口将减少 4000 万。1982 年第三次人口普查时 0～14 岁人口占人口总量的 33.6%，1990 年第四次人口普查时降到 27.86%，2000 年第五次人口普查时降到 22.8%，2010 年第六次人口普查时又下降到 16.6%，28 年之间竟然降低一半以上，可谓触目惊心。人口年龄结构的老化和人口性别结构的失衡将导致“人口实力”“人口优势”“人口红利”的极大弱化，这将与大国复兴的伟大目标渐行渐远。

2018年，石人炳等对中国2014年和2016年这两次“单独二孩”和“全面二孩”政策进行了评估。他们认为，学术界相关研究结论大致可以分为“遇冷”“符合预期”和“难以判定”三类。导致这种差异的主要原因之一是不同研究者使用了不同的判断标准，其中有些标准是不严谨和不科学的。文章分别对近期和中长期生育政策调整效果进行了评估。结果发现，从近期看，生育政策调整“遇冷”的结论是不成立的，政策调整无论是对二孩出生数量的增加，还是对二孩生育水平的提高都产生了明显效果。但从中长期看，政策调整的效果十分有限，不能适应中国人口长期发展需要。目前和今后一段时间，中国年出生人口数量受趋势性因素和阶段性因素的共同作用，前者导致出生数减少，后者推动出生数增加。随着时间的推移，阶段性因素不断削减，趋势性因素将逐渐成为决定人口出生形势的决定性因素，中长期年出生人口数量可能会迅速减少。要实现人口长期发展目标，应加快完善生育政策。①

城市化对于中国人口有何影响？现在，各大城市都在吸引人才迁入，未来可以预见城市化率会从50%达到80%。未来中国的生育率，每个妇女生几个小孩就会取决于中国城市的生育率。两年前放开二孩，全国生育率第一年达到1.6%左右，这个数字是因为之前受限不能生育而现在补生的，只会出现一次，到2017年就降到了1.4%。

在每年出生的1500万人口里面，生二孩的比例比生一孩的还要多百分之三四十，这显然是不可持续的。因为从长远来看，从数学上来讲，生一孩占比应该大于生二孩占比。如果把补生的堆积效应去掉，中国现在的生育率可能只有1.2%。

很多经济学家认为，中国生育率为1.2%是很少，但是很多发达国家更少。事实上，生育率低的发达国家只是一小部分，欧美国家的生育率还

① 石人炳、陈宁、郑淇予：《中国生育政策调整效果评估》，载于《中国人口科学》2018年第4期，第114～125页。

是比较高的，差不多在 1.8% 左右，欧美国家还有移民，所以人口方面基本上不存在问题。随着中国城市化率的提高，中国生育率可能会更低。

梁建章认为，城市居民和高学历人群的超低生育率，完全可以从育儿成本的角度来解释。中国的育儿成本几乎是世界最高的，具体体现在以下几个方面：

第一，除了孩子的衣食住行之外，具有中国特色的应试教育，迫使家长不得不投入金钱和时间让孩子参加各种课外培训。在一个典型的城市中产家庭，每年为养育一个孩子的平均花费估计在 3 万元以上，如果从出生算起一直到 18 岁，差不多就需要 50 多万元。实际上，这还只是偏保守的预计，更别说即便孩子到 18 岁考上了大学，父母接下来的教育支出也很可能是大幅提升而非减少。

第二，相对于其他国家，中国的托儿所奇缺。所以，如果夫妻双方在小孩两三岁前都必须参与工作，那么摆在他们面前的选项通常只有两个：一是长时间雇佣保姆；二是由家中老人来帮助看护。可是年事已高的老人们现在已经越来越不愿意或者说没精力来帮着看护孩子，尤其是二孩更难获得来自祖辈的帮手。所以很多父母在自己坚持工作的情况下，就只能雇保姆或月嫂。可近几年，月嫂工资薪资猛涨，与香港的菲佣薪资相差无几。

第三，高房价在一定程度上影响了育龄夫妇的生育意愿。如果要多生一个孩子，势必要换面积大一点的房子，但中国城市的平均房价相对于市民平均收入的比值，恐怕算是世界最高的。尤其在一线城市更是如此，动辄以几百万乃至上千万计价的房产，会令很多年轻夫妇打消生育第二个孩子的念头，甚至就连第一个孩子也未必敢要。

第四，中国女性参加工作的比例高于世界上大多数国家。中国女性生小孩的机会成本很高，许多职业女性在生育的黄金年龄，都面临着是要生孩子还是要升职的两难选择。相比生育之后有可能出现的收入降低、支出倍增，很多职业女性宁可选择不生育甚至不结婚，以维持个人较高的生活质量。

第二节　人口思想个例研究

在2010年以后，批判僵硬不变的计划生育政策，已经成为人口学、经济学乃至民众间的共识了。学界又一次凝聚了共识，反倒没有太大的分歧。而2013年人口政策开始出现松动，单独二孩、完全二孩逐步放开后，有一部分学者认为已经实现预期目标，而另一部分学者毫不妥协，仍然坚持认为放开二孩已经过晚，中国仍将面临严峻的人口挑战。

在整个计划生育政策变动过程中，对人口政策批判最激烈、在社会上影响最大的学者无疑是梁建章。他的立场始终一致，毫不妥协地认为在目前的人口结构和经济环境中，中国应该更多地生育，不能再受过去观念的影响，对生育行为采取限制。

梁建章，1969年生，1999年与合作伙伴一同创办了携程旅行网，并在很长一段时间担任首席执行官（CEO）。梁建章于2011年获得了斯坦福大学的经济学博士学位，随后回国继续从事携程公司的管理，并在北京大学担任兼职教授。

梁建章虽忙于工作，但一直极为关心人口问题，撰写了大量有关人口政策的文章。2014年，梁建章、李建新与黄文政出版了《中国人可以多生！反思中国人口政策》。这本通俗读物形象地解释了为何中国需要更多的人口，从而必须要放开限制二孩的计划生育政策。梁建章的不懈呼吁，对于加速改变计划生育政策可能起到了一定的作用。

2015年之后，中国终于全面放开二孩生育。这个政策是否起到预期的效果，需要一些时间来验证，学界对此也存在不同的看法。中国人口学会会长、中国人民大学人口学院院长翟振武教授认为，“全面两孩政策实施后，总和生育率有所上升，超过1.7以上，并没有达到国际学术界认为的‘低生育率陷阱’临界值（1.5以下）”。

但是梁建章完全不同意翟振武这种看法。按照梁建章的研究方法，去掉“全面二孩”政策带来的堆积效应，2018年中国自然总和生育率不到

1.2，大大低于“低生育率陷阱”临界值。同时，中国城市的生育率在1以下“是完全不可以持续的”。

梁建章认为，就算补生的数据不去掉，2018年的生育率也已经降低到1.4，而2018年的数字里面有很大比例是补生的，因为2018年的二孩比一孩更多。所以从长期来看，二孩肯定比以前显著地减少。根据估算，二孩可能要减少30%。把这个算进去的话，中国的生育率就非常低了。

而且在当前的经济形势下，人口问题仍是核心问题。在中美贸易战方面，从长期来看，最重要的问题无疑是人口问题。梁建章和黄文政认为，中国相对于美国的最大优势就是人口规模。目前中国人口总量是美国的四倍多，但实际优势却没有这么大。首先，英国、加拿大、新西兰和澳大利亚，与美国在语言、文化、安全上是一体的，在科技交流与合作上更是密不可分。这个体系的人口资源至少有4.5亿而不只是美国的3亿多。其次，美国吸引全球人才的能力，又显著放大了美国实际可利用的人口基数。目前，美国的企业家和科学家里有1/3左右是移民，如果再计入第二代移民，这个比例可能上升到1/2左右。也就是说，中国目前在人口规模上的优势的很大一部分却被美国与其他英语国家的一体化，以及美国在世界范围内广纳精英的能力所抵消。

从历史趋势来看，过去200年来，中国人口只增长了3倍多，而美国人口却大幅增长了40多倍。更重要的是，中国人口很快就将进入负增长，并将加速萎缩，而美国人口将持续增长，这背后是中国生育率远远低于美国。在扣除全面二孩政策导致的暂时性堆积反弹后，中国的自然生育率只有1.2左右。相比之下，美国的生育率接近1.9，虽然也低于更替水平，但从全球大量吸引移民却依然有望维持人口增长。

即便不考虑美国吸引移民的优势，中美两国生育率目前这种相对差距，也会让未来每一代中国人的人口优势，相对于美国减少1/3左右。如果中国不能大幅提升生育率，两三代人之后，中国每年出生的人口将少于美国，未来这些总数比美国更少的年轻人，将负担远比美国更多的老年人口，中国会因此彻底丧失人口优势，之后则会被美国全面压倒。

相对贸易摩擦的影响，人口对比有更长期性的效应，但人们往往高估短期效应，却严重低估长期效应。特别是，在相对较高生育率下出生的60

后依然存活的情况下，超低生育率导致的出生人口崩塌还不会表现为总人口的大幅减少。但如果生育率一直处于1.2的水平，不仅是出生人口，而且总人口数量也将以每代人，也就是不到30年的时间，萎缩44%的速度减少。

从统计数字来看，当前中国已经在研发人员总数方面超过美国，而且还在快速增长，背后正是有庞大的国民人口基数作为基础。根据发展经济学的原理，一个国家的富裕程度最终由技术和工业化水平所决定，中国的人均科技和工业化水平远远领先于其他中等收入国家，而且还在快速成长稳步追赶发达国家。所以，只要保证现有的人口水平和科技投入水平不变，在10～20年内，中国有可能在中美科技竞争中超越美国。

同时长期来看，中国需要通过大力鼓励生育来提高当下低迷的生育率，否则一代人之后处于创新活跃期的人口优势就会大打折扣。与此形成对比的是，美国对于吸引全球顶尖科技人才求学工作一直有传统优势，只要持续保持开放的移民政策，就依然能够建立起庞大的科技帝国。

梁建章对于人口问题的看法非常一致，多年来一直呼吁放开二孩限制、改变计划生育政策。而在计划生育政策彻底改变之后，梁建章通过实证研究，仍然认为中国计划生育政策放开太晚，所以仍然面临很严重的人口危机。人口是中国未来经济发展最重要的因素，却也是最薄弱的因素。所以，梁建章认为，中国始终应该把鼓励生育的人口政策置于最为重要的地位。

所以，本节主要讨论了梁建章教授在2010年前后一胎化计划生育政策过程中的人口思想。从传统的角度看，梁建章的人口思想过于激进，总是在批判现有的人口政策。但是他的思想非常一致，也有非常扎实的数据支持。在对于人口总量和人口结构等宏观人口问题观点比较一致的今天，梁建章的人口思想最能引导我们思考，中国未来要向何处去，中国未来又应该采用怎样的人口政策。

第八章

现状和启示

第一节 中国人口现状及挑战

进入 21 世纪以来，中国人口已经出现了几个重大转折，在未来一个时期内还将出现新的转折性变化。这些趋势性的转变不仅直接改变了人口发展面临的形势和任务，同时也给社会经济发展带来巨大而深远的影响。

对于中国的人口而言，21 世纪上半叶发生的最大的人口事件莫过于人口负增长时代的到来。根据联合国的预测，中国的总和生育率的大致设定是 2015～2020 年 1.63，2020～2025 年 1.66，2025～2030 年 1.69，2030～2035 年 1.71，2035～2040 年 1.72，2040～2045 年 1.74，2045～2050 年 1.75，2050～2055 年 1.76，2055～2060 年 1.77，2060～2065 年 1.77。

这个预测水平仍是比较保守的。即使根据这个预测，中国人口也将在 2029 年达到峰值的 14.42 亿。从 2030 年开始，中国人口总数将进入持续负增长阶段。2050 年，中国人口减少到 13.64 亿，2065 年减少到 12.48 亿，即缩减到 1996 年的规模。

按照另一种算法，如果中国的总和生育率一直保持在 1.6 的水平，人口负增长将提前到 2027 年就会出现，到 2065 年人口会减少到 11.72 亿，相当于 1990 年的规模。长期持续的人口负增长究竟会造成怎样的社会经济后果？从理论逻辑上看，长期的人口衰退，尤其是伴随着不断加剧的老龄化，势必会带来非常不利的社会经济后果。中国的人口负增长已经势不可当，从现在开始亟须进行政策研究和政策储备。①

在过去很长的一个时期里，中国经历了劳动力的快速增长。劳动力几乎无限的供给曾经是中国经济高速发展的重要条件，也曾经是中国经济比较优势的重要基础。进入 21 世纪后，劳动力供给发生了重大变化。首先是“刘易斯转折点”的出现：2003 年出现的“民工荒”标志着中国劳动

① 李建民：《总报告——中国人口发展四十年（1978～2018）》，引自张车伟主编：《人口与劳动绿皮书：中国人口与劳动问题报告 No. 19》，社会科学文献出版社 2019 年版，第 18 页。

力无限供给时代的结束。

都阳和王美艳（2010）利用2005年1%人口抽样调查数据，并在考虑农村劳动力结构和个体特征的情况下对农村剩余劳动力数量进行了估计，他们的研究结果显示，在现有的劳动力市场状况和制度环境下，农业中可供转移的劳动力只剩下4300多万人。① 根据国家统计局公布的数据，2010～2017年间农民工数量增加了3900万，其中外出农民工数量仅增加了1850万。“民工荒”在东部沿海地区蔓延之后，其他地区的劳动力市场也出现了农民工供不应求的现象，农民工的工资水平逐年上涨，这些证据都表明中国经济到达了“刘易斯转折点”。其次是劳动年龄人口数量开始减少：2013年劳动年龄人口（16～64岁）比前一年减少了160万，这标志着中国潜在劳动力资源缩减时代的到来。到2017年，劳动年龄人口总共减少了578万，随着20世纪50年代出生高峰队列陆续超出劳动年龄，劳动年龄人口将会加速减少。联合国（United Nations，2017）“中方案”预测结果显示，中国的劳动年龄人口在未来很长一个时期内将持续地加速减少，到2050年将减少2亿人。劳动力转为负增长对于中国经济而言是一个重大的变数，不仅给劳动力市场供求关系带来结构性转变，同时也对各种相关制度的改革提出了迫切要求。

按照国际经验，人口城镇化进程可以划分为三个发展阶段，在达到50%之前是前期阶段，从50%到70%是中期阶段，从70%到80%是后期阶段。城镇化水平达到80%即标志着城镇化的完成。根据联合国的估计，2015年发达国家人口城镇化的平均水平为78.1%，高收入国家的平均水平为80.9%。一些国家在达到这个水平后还会进一步提高，例如2015年比利时达到97.9%，日本达到91.4%，丹麦达到87.5%，瑞典达到86.6%。还有一些人口规模很小或地理条件特殊的国家和地区超过90%甚至达到100%。此外，拉丁美洲的乌拉圭（95.5%）、阿根廷（91.5%）、委内瑞拉（88.2%）、智利（87.4%）、巴西（85.8%）等国的城镇化水平也非常高，但这些国家存在着人口过度城镇化问题。

---

① 都阳、王美艳：《农村剩余劳动力的新估计及其含义》，载于《广州大学学报（社会科学版）》2010年第4期，第17～24页。

中国的人口城镇化进程自1978年开始启动，从2000年开始加速，到2017年总共提高了40个百分点。按照2000～2017年的发展速度，2018年的人口城镇化水平可以达到60%，这标志着中国的人口城镇化进程目前已进入中期发展阶段的后半期。根据联合国的预测，中期发展阶段将在2030年结束，届时的人口城镇化水平为70%；从2031年开始进入后期发展阶段，在2050年达到80%，这意味着中国人口城镇化进程还需要30年左右才能结束。

人口抚养比变化的转折点出现于2011年，抚养比从前一年的34.2%提高到34.4%，从而终结了持续了30多年的下降过程。导致这个转折性变化的直接原因有两个。一个原因是劳动年龄人口增长缓慢，2005～2011年总共增长了6.5%，2011年和2012年仅增长了0.35%和0.1%。15～64岁劳动年龄人口占总人口比重的转折发生在2012年，虽然比2011年峰值（74.4%）仅降低了0.3个百分点，但这个转折的意义重大。2016年劳动年龄人口占比降到73.0%，使得这个下降趋势得到确认。另一个原因是老年人口出现了较快的增长，2005～2011年增长了21.8%，年均增长率为3.28%，远远超过劳动年龄人口增长速度。2011年以后老年人口增长率进一步提高，2011～2017年平均增长率达到4.26%，而劳动年龄人口自2013年起转为负增长，这使得人口抚养比在2017年提高到37%。从未来发展趋势看，由于劳动年龄人口加速减少和老年人口加速增长，人口抚养比将会持续提高。此外，政策调整后的生育率回升会在一定程度上提高少儿抚养比，因此人口抚养比提高的幅度将会进一步加大。根据联合国“中方案”预测结果，未来的40年里，少儿抚养比基本上是在22～25之间窄幅波动，而老年抚养比在2060年之前一直保持上升状态，并在2028年左右超过少儿抚养比，成为决定总抚养比变化趋势的主导因素。

在其他条件一定的情况下，人口抚养比提高意味着人口生产性的下降，边际人口红利为负。特别需要注意的是，人口抚养比提高有两种情况：其一是由少儿抚养比主导的总抚养比提高；其二是由老年抚养比主导的人口总抚养比提高。或者说，同样水平的抚养比，但内部结构不同，一种结构是以负担少儿人口为主，另一种结构是以负担老年人为主。例如，2032年中国人口抚养比将回升到51%左右，与1994年的水平相当，但是

1994 年的抚养比结构中，少儿抚养比占到 83.4%，而 2032 年的抚养比结构中，老年抚养比占到 56%。这两种情况的社会经济含义有很大差别，前者是对未来生产力的投资，后者则是纯粹的消费，对于公共支出而言，这两种负担的意义也完全不同。中国未来抚养比将会在水平和结构两个维度上发生变化，在水平维度上将会出现长达 40 年左右的上升趋势，在结构维度上将发生从以少儿抚养比为主的结构转变为以老年抚养比为主的结构。这两个维度的变化都会削弱人口的生产性，进而使得经济衰退。

如同许多处于后生育率转变阶段的国家一样，中国在完成了转变之后也很快走向了很低水平的生育率。长期的低生育率会导致高度的老龄化和人口衰退，从而给社会经济带来多重挑战，因此世界上几乎所有处于很低和极低生育水平的国家都采取了支持和鼓励生育的政策。对于生育率转变非常迅速的中国而言，如果低生育率不能很快得到扭转，将会面临比其他国家更为严峻的局面。2013 年 11 月，《中共中央关于全面深化改革若干重大问题的决定》提出“启动实施一方是独生子女的夫妇可生育两个孩子的政策”，2015 年 10 月中共中央决定“全面实施一对夫妇可以生育两个孩子政策”。政策实施后，虽然生育率提高的幅度不尽如人意，但也已经显现出生育率对新生育政策的积极反应。国家统计局根据全国人口变动抽样调查数据的推算分析表明，2016 年二孩出生数量大幅上升，明显高于“十二五”时期平均水平，2017 年二孩数量进一步上升至 883 万人，比 2016 年增加了 162 万人；二孩占全部出生人口的比重达到 51.2%，比 2016 年提高了 11 个百分点。在全部出生婴儿中，二孩的比例明显提高，并且超过了 50%。根据世界银行估计，中国的总和生育率从 1996 年开始一直低于 1.6，直到 2013 年回升到 1.6，2016 年为 1.62。如果这个趋势能够得到延续，那么中国的生育率就可以回升到一个相对安全的水平。

同时，我们也应该更多地关注中国的老龄化进程。因为老龄化是以老年人口占总人口比重来衡量的，老龄化是老年人口与其他年龄人口相对变化的结果，所以它并不是由单个原因所决定的，总共有三种力量会推动老龄化。

第一个力量是生育率下降导致出生人口减少，此时即使老年人口增长缓慢甚至没有增长，老年人口比重也会提高；第二个力量是老年人口的增长；第三个力量是长寿，即老年人存活的年龄更高。由人口变化的内在机理和历史逻辑所决定，一个人口群体的老龄化过程是分别由不同的力量递次推进的，或者说，在老龄化发展的不同阶段，推动老龄化的主导力量并不相同。据此，可以把老龄化过程划分为前期阶段、中期阶段和后期阶段。在老龄化的前期阶段，推动老龄化的主导力量是生育率的下降，中期阶段的主导力量是老年人口的增长，后期阶段的主导力量是长寿。

对于中国而言，老龄化的前期阶段是从 1970 年开始到 2010 年结束，这里的阶段划分年份并非精确时间的表达，而是大致的估计。即使如此，也有一些依据：第一，中国的生育率转变从 1970 年开始，而老龄化也是从这一年起步。第二，从 2010 年开始，1945 后出生的人开始进入老年，紧跟其后是 20 世纪 50 年代出生高峰队列陆续进入老年，这个时期 65 岁及以上老年人口总共增加了 8320 万，平均每年净增 208 万人，而 15 岁以下少儿人口减少了 9017 万，平均每年净减 225 万人。因此，这个时期老龄化的主导力量是 1970 年开始的生育率转变及后来的低生育率。在此期间，老龄化水平从 3.76% 提高到 8.40%，平均每年提高 0.12 个百分点。老龄化的中期阶段是从 2011 年开始到 2040 年左右结束，从 2011 年开始，中国老年人口进入了一个快速增长时期，2010～2040 年老年人口将总共增加 2.24 亿人，年平均增长率为 3.62%，平均每年净增 746 万。在此期间，50 年代和 60 年代出生高峰队列将全部进入老年。在老年人口快速增长的同时，总人口将在 2028 年左右开始出现负增长，这两种相反的变化趋势进一步提高了老龄化的发展速度，老龄化水平在 2040 年将达到 23.84%，平均每年提高 0.51 个百分点。与前一个阶段相比，中期阶段老龄化速度提高了 3 倍。因此，中国老龄化的动力机制已经转变为以老年人口增长为主导力量。

到 2040 年左右，中国将进入老龄化的后期阶段，即以长寿为主导力量的老龄化阶段，这个阶段也可称为高龄化阶段。到目前为止，学术界对于高龄化或者高龄社会的标准还没有一个明确的定义，或者被普遍接受的定义。考虑到这个情况，可以基于历史观察归纳出可用于判断的标准。我们选择了两个参照系，一个是高收入国家平均水平，另一个是目前世界上最长寿的国家日本。之所以选择这两个参照系，是因为其老龄化进程远远走在了其他国家和地区的前面，并可以呈现一个完整的老龄化过程。选取的参照指标包括四个：（1）出生时平均预期寿命达到80岁；（2）60岁时平均预期寿命达到25岁；（3）80岁及以上老年人口在总人口中占比达到5%；（4）80岁及以上老年人在65岁及以上老年人口中占比达到25%。日本是在2006年同时满足了上述条件；而高收入国家在2005年满足了指标（3）的条件，在2019年满足指标（4）的条件，并分别在2012年和2024年满足指标（1）的条件和指标（2）的条件。如果稍微放松指标（2）的条件，高收入国家2015～2020年60岁时平均预期寿命为24.5岁，高收入国家整体上应该是在2019年进入高龄社会。日本和高收入国家的情况表明，上述4项指标水平之间具有高度的协同性和一致性，因此可以作为高龄化或高龄社会的标准。按照这个标准，中国将在2040～2045年间进入高龄社会，根据联合国“中方案”预测，2040～2045年中国人口出生时平均预期寿命为80.34岁，60岁时的平均预期寿命为22.87岁；80岁及以上老年人在总人口中占比于2041年达到5.15%，在65岁及以上老年人口中的占比于2045年达到24.9%。

第二节　新中国人口思想变迁的主要启示

人口问题是一系列问题，其中包括人口控制、人口投资、人力开发、人口生态以及人口分布等方面，绝不仅仅是一个人口的数量控制。所以，在经济高速发展的今天，我们必须跳出单纯从人口数量来看人口问题的狭窄视野，从过去把人口作为制定计划和政策所需的基本变量的做法，转变为一个以人的权利为基础、以个人福利为要素的方法。这其中，权利投资、健康投资、知识投资是三大基本投资。权利投资的核心内容就是通过公正的制度安排来保障基本人权。而在合适的社会体制下，通过健康和教育投资，扩大人们的机会，实现人的潜能，则是维持经济增长和可持续发展的关键，也是人口发展的归宿。

人口问题也是一个非常复杂的事情，又涉及所有人的基本利益，不光是涉及人口学本身，也不光是人口学家和经济学家就可以说了算，需要历史学界、军事界、法律界、社会学界、医学界、文化界、民族界、宗教界、伦理学界、经济学界和人口学界等多个社会部门和学科取得共识才能实行计划生育。从这种角度看，没有人能够单独决定实行计划生育，而每一个人都有权通过自己的视角来反对计划生育、要求停止计划生育。

所以，新中国成立 70 年以来，中国人口生育政策出现过多次波动。中国历届政府和几代人口学者都在实践中努力寻找解决人口问题的政策途径。计划生育政策作为后 40 年中国人口政策的核心命题，引发了大量的争议。但我们必须认识到，不同历史时期，面对不同的人口压力，中国实施的人口政策必定有所差异。新中国的人口政策，大致经历了这样一个过程：

第一，1949～1953 年是限制避孕时期。主要人口政策是鼓励生育，限制避孕，希望在短时期内恢复人口。在这段时间里，中国并不清楚自己的人口总数，也还没有形成明确的人口政策。

第二，1954～1957 年，主流的人口政策是宣传节育活动。当时采取了先城市再工矿区，最后是人口密集农村的步骤，这比较符合当时中国的实际。面对城市人口出生率高于农村的现实，面对城市育龄妇女的节育积极性和城市人口文化程度高于农村人口的现实，这种活动普及了节育知识，为后来的各种节育活动和计划生育活动奠定了舆论基础。

第三，1958～1969 年的情况比较复杂。在这个阶段，生育率出现巨大的波折。“大跃进”后人口大量损失，之后又出现显著的补偿性生育，这个结果确实导致 20 世纪 60 年代前期的“婴儿爆炸”。但到了 60 年代后期，出生率猛增的趋势已经有所改变，人口出生高峰已过。

第四，1969～1979 年，人口出生率稳定下降。文革初期的混乱在短期内影响了计划生育领导组织。但政治环境稳定之后，20 世纪 70 年代初期，“晚、稀、少”的人口政策就开始试点和实施。而且在这一时期，计划生育制度得以初步形成，避孕药具开始了免费供应并送货上门，开始培育人们计划生育的想法。

第五，1979～1989 年，一孩化的计划生育政策正式开始施行。《公开信》传递了明确的信号，一定要严格执行计划生育政策。但是计划生育的具体目标是力图在2000年将总人口控制在12亿之内，这个目标过于激进。在推进计划生育的过程中，早期的手法也比较粗暴，在农村也严格实施一对夫妇只能生一个孩子的做法，遭受到民间的反对。所以，1980年以后的计划生育政策执行得并不顺利。而1984之后对政策的适当调整，减少了计划生育政策的阻力，使之全面推行了下去。

第六，1989年之后，总和生育率持续稳定地下降，这也是国家计生委准确理解和贯彻国家人口控制政策的结果。在拥有多数人口的农村，中国政府长期的政策措施是鼓励生一个孩子基础上的“晚、稀、少”。在1980年修改了原《婚姻法》之后，甚至于“晚”也变得松动了许多。但在城市里，一胎化的计划生育仍然得到比较有力的贯彻执行。这种严格的人口政策在执行10多年以后，也逐渐深入人心。

第七，2000年以后，总和生育率仍然持续下降。大批学者提出建议，逐步地、全面地放开二孩限制，挽救总和生育率，防止出现人口危机。此时，国家计生委全面地放开了“双独二孩”，却不愿意放开“单独二孩”或全面放开，防止政策的不稳定性。

第八，2010年以后，人口学界基本已经达成一致意见，中国的总和生育率已经下降到较为危险的水平，必须赶快全面放开计划生育。在学界持续不断地呼吁下，中共中央在2013年末放开了单独二孩生育，在2015年末全面放开二孩生育，施行了30多年的计划生育政策终于全面转向。

人口思想的研究必须面对这种复杂多变的历史背景。因为人口政策出现过很多次来回摆动，针对不同阶段中国人口数量、人口结构、人口政策以及人口相关问题的研究就有特别的意义。在这个过程中，先后涌现出马寅初、田雪原、梁中堂、翟振武、李建新、梁建章等一大批重要的人口学者。

从所保持的立场和主张的政策来看，这些学者之间存在着巨大的差异，甚至经常截然相反。而且，即使是同一个学者，他在不同时期对于人口和人口政策的看法也会有所变动。但是对于新中国人口思想的研究，不仅要关注他们的政策观点，更要看到他们支持政策观点背后的学术分析。人口问题是极为复杂的问题，要在事实层面上搞清楚不同时期中国人口状况绝不是一件容易的事。同时，人口问题又是如此重要，如果政策实施有所偏差，对整个人口结构的影响，可能会持续数十年甚至上百年。

所以，对于新中国成立 70 年来人口思想的研究非常重要。它不但能帮助我们总结人口历史上的经验和教训，也能为未来的人口政策提供理论和历史的参考。在人口问题上，新中国曾经走过很多弯路，也付出了很大的代价。这些代价，必须认真加以总结，才能变得有价值。而且，本书对于新中国人口思想的研究只是一个起步。有关过去 70 年的历史文献、历史材料仍在不断涌现，值得我们进一步关注；同时，中国经济仍处于高速发展阶段，完全放开二孩后的影响仍有待观察，学界对于中国未来人口的走势也并未达成一致的意见。未来，需要在更丰富的历史材料和更充分的人口数据、实证证据的基础上，补充和拓展对于中国人口思想史的研究。

附录　中国人口政策大事

1950 年，中国颁布第一部《婚姻法》。

1953 年，第一次全国人口普查。

1953 年，政务院批准了卫生部关于《避孕及人工流产法》。

1957 年 7 月，马寅初《新人口论》在《人民日报》上发表。

1964 年，第二次全国人口普查。

1973 年，国务院成立了计划生育领导小组。在计划生育宣传教育上，提出了“晚、稀、少”的口号。

1977 年，《人口研究》杂志创刊。

1978 年，中国共产党十一届三中全会把计划生育提到国策的高度，实行“独生子女”政策。

1980 年 9 月，中央发表《关于控制中国人口增长问题致全体共产党员、共青团员的公开信》，计划生育正式推行。

1981 年，中国颁布第二部《婚姻法》，提高了法定婚龄。

1983 年，第三次全国人口普查结果公布。

1990 年，第四次中国人口普查结果公布。

2000 年，第五次中国人口普查结果公布。

2000 年，中国在大部分地区开始施行“双独二孩”政策。

2010 年，第五次中国人口普查结果公布。

2013 年 11 月，中国施行“单独二孩”政策。

2015 年 10 月，中国“全面放开二孩”生育。

参考文献

[1] 陈卫、孟向京:《中国生育率下降与计划生育政策效果评估》载于《人口学刊》1999 年第 3 期。

[2] 陈剑:《中国生育革命纪实》，社会科学文献出版社 2015 年版。

[3] 陈友华:《中国生育政策调整问题研究》，载于《人口研究》1999 年第 6 期。

[4] 都阳、王美艳:《农村剩余劳动力的新估计及其含义》载于《广州大学学报（社会科学版)》2010 年第 4 期。

[5] 葛剑雄:《中国人口史》（第四卷）明时期》，复旦大学出版社 2000 年版。

[6] 葛剑雄:《中国人口史（第五卷）清时期》，复旦大学出版社 2000 年版。

[7] 顾宝昌、宋健、刘爽、王金营、江立华:《二孩生育政策地区的实践及启示》，载于《人口研究》2008 年第 4 期。

[8] 顾宝昌、蔡泳、陈友华、陈卫:《再论中国生育水平》，载于《人口研究》2009 年第 4 期。

[9] 顾宝昌:《生育意愿、生育行为和生育水平》载于《人口研究》2011 年第 2 期。

[10] 郭志刚:《新形势下对中国人口发展的思考》，载于《人口与经济》1997 年第 1 期。

[11] 郭志刚:《中国90年代的生育水平分析——多测量指标的比较》，载于《中国人口科学》2000年第4期。

[12] 郭志刚:《总和生育率的内在缺陷及其改进》，载于《人口研究》2002年第5期。

[13] 郭志刚:《关于中国1990年代低生育水平的再讨论》，载于《人口研究》2004年第4期。

[14] 郭志刚:《关于生育政策调整的人口模拟方法探讨》，载于《中国人口科学》2004年第2期。

[15] 郭志刚:《中国的低生育水平及其影响因素》，载于《人口研究》2008年第4期。

[16] 郭志刚:《警惕"人口控制"矫枉过正》，载于《中国改革》2010年第5期。

[17] 郭志刚:《中国的低生育水平及相关人口研究问题》，载于《学海》2010年第1期。

[18] 郭志刚:《中国的低生育率与被忽略的人口风险》，载于《国际经济评论》2010年第6期。

[19] 郭志刚:《六普结果表明以往人口估计和预测严重失误》，载于《中国人口科学》2011年第6期。

[20] 郭志刚:《重新认识中国的人口形势》，载于《国际经济评论》2012年第1期。

[21] 郭志刚:《中国人口生育水平低在何处——基于六普数据的分析》，载于《中国人口科学》2013年第2期。

[22] 郭志刚:《清醒认识中国低生育率风险》，载于《国际经济评论》2015年第2期。

[23] 侯杨方:《民国时期全国人口统计数字的来源》，载于《历史研究》2000年第4期。

[24] 李建新:《也论中国人口数量与结构问题——兼与翟振武教授等商榷》，载于《人口研究》2011年第5期。

[25] 李建新:《"公用地悲剧"与中国人口思考》，载于《人口研究》2003年第2期。

［26］李建新、涂肇庆：《滞后与压缩：中国人口生育转变的特征》，载于《人口研究》2005 年第 3 期。

［27］李建新：《中国人口数量问题的“建构与误导”——中国人口发展战略再思》，载于《学海》2008 年第 1 期。

［28］李建新：《开放生育政策，天塌不下来》，载于《共识》2009 年秋刊第 2 期。

［29］李建新：《30 年的计划生育政策亟须改变》，载于《商务周刊》2011 年第 1 期。

［30］李建新、李娜：《中国放开现行计生政策的可行性——基于江苏省不同政策群体生育理想、生育意愿的调查》，载于《探索与争鸣》2012 年第 7 期。

［31］李建新、夏翠翠：《人口生育政策亟待全面彻底改革——基于人力资本、创新能力的分析》，载于《探索与争鸣》2014 年第 6 期。

［32］李文：《陈云、马寅初与中国二十世纪五十年代的计划生育——兼谈毛泽东的人口观》，载于《中共党史研究》2009 年第 5 期。

［33］梁建章、黄文政、李建新：《人口危机挑战中国，放开生育刻不容缓》，载于《决策与信息》2015 年第 2 期。

［34］梁建章、李建新、黄文政：《中国人可以多生！反思中国人口政策》，社会科学文献出版社 2014 年版。

［35］梁启超：《饮冰室合集》，中华书局 2007 年版。

［36］梁中堂：《中国人口问题的“热点”：人口理论、发展战略和生育政策》，中国城市经济社会出版社 1988 年版。

［37］梁中堂、谭克俭：《山西省翼城县“晚婚晚育加间隔”生育政策实施效果的人口学分析》，载于《中国人口科学》1997 年第 5 期。

［38］梁中堂、谭克俭、景世民：《论生育政策的调整》，载于《中共山西省委党校学报》1999 年第 4 期。

［39］梁中堂：《2000 年中国人口总量和妇女生育率水平研究》，载于《中国人口科学》2003 年第 6 期。

［40］梁中堂：《现行生育政策研究》，载于《人口与发展》2006 年第 5 期。

[41] 梁中堂:《新中国60年的计划生育:两种含义和两个30年》,载于《兰州商学院学报》2009年第6期。

[42] 梁中堂:《中国还是低生育率国家吗》,载于《瞭望》2011年第19期。

[43] 梁中堂:《马寅初事件始末》,载于《中共山西省委党校学报》2011年第5期。

[44] 梁中堂:《艰难的历程:从“一胎化”到“女儿户”》,载于《开放时代》2014年第3期。

[45] 梁中堂:《中国生育政策研究》,山西人民出版社2014年版。

[46] 梁中堂:《关于“公开信”的几个具体问题》,载于《人口与发展》2011年第2期。

[47] 马寅初:《新人口论》,广东经济出版社1998年版。

[48] 马瀛通:《中国人口年龄结构合理转化问题研究》,载于《中国人口科学》2012年第1期。

[49]《毛泽东选集》第4卷,人民出版社1991年版。

[50] 穆光宗:《还原马尔萨斯和马寅初人口思想的历史价值》,载于《人口与发展》2010年第3期。

[51] 穆光宗、张团:《十字路口的中国人口:危机与挑战——〈公开信〉前后的人口问题和中国道》,载于《思想战线》2011年第3期。

[52] 穆光宗:《人口优化理论初探》,载于《北京大学学报(哲学社会科学版)》2012年第5期。

[53] 穆光宗、茆长宝、王明岗:《生育政策再检讨》,载于《中国经济报告》2013年第4期。

[54] 穆光宗:《正视超低生育率的危险》,载于《中国经济报告》2013年第12期。

[55] 穆光宗:《重新认识人口增长的性质和价值》,载于《学海》2014年第1期。

[56] 穆光宗:《完善人口政策的策略选择》,载于《学术界》2015年第8期。

[57] 穆光宗:《生育政策改革的方向》,载于《中国发展观察》2015

年第 8 期。

［58］彭珮云：《中国计划生育全书》，中国人口出版社 1997 年版。

［59］任远：《新计划生育：后人口转变时期计生制度的转型》，载于《探索与争鸣》2018 年第 4 期。

［60］石人炳、陈宁、郑淇予：《中国生育政策调整效果评估》，载于《中国人口科学》2018 年第 4 期。

［61］沈益民：《中国人口统计的历史沿革和新中国的人口普查》，载于《中国统计》1982 年第 1 期。

［62］宋健、田雪原、李广元、于景元：《关于中国人口发展目标问题》，载于《人民日报》1980 年 3 月 7 日。

［63］宋健、田雪原：《人口预测和人口控制》，人民出版社 1981 年版。

［64］宋健：《人口发展方程的解及其渐近性质》，载于《科学通报》1982 年第 22 期。

［65］宋健、于景元、王彦祖、胡顺菊、赵忠信、刘嘉荃等：《人口算子的谱特性与人口半群的渐近性质》，载于《数学物理学报》1982 年第 2 期。

［66］宋健：《非定常人口系统的动态特性和几个重要人口指数的计算公式》，载于《中国科学：数学》1983 年第 11 期。

［67］宋健、于景元、刘长凯、张连平、朱广田：《人口发展系统解的渐近性质及对生育模式的依赖关系》，载于《数学物理学报》1986 年第 3 期。

［68］宋健、于景元、刘长凯、张连平、朱广田：《人口发展算子的谱性质及人口系统的能控性》，载于《中国科学：数学》1986 年第 2 期。

［69］宋健：《中国人口结构面面观》，载于《人口研究》2001 年第 3 期。

［70］宋健：《结构问题是 21 世纪中国人口的核心问题》，载于《人口与发展》2002 年第 1 期。

［71］《孙中山选集》，中华书局 1986 年版。

［72］田雪原：《控制人口是一项战略任务》，载于《北京大学学报》

1979年第5期。

［73］田雪原：《调整是目前国民经济全局的关键》，载于《光明日报》1979年7月7日。

［74］田雪原：《为马寅初先生的新人口论翻案》，载于《光明日报》1979年8月5日。

［75］田雪原：《对“人手论”的几点看法》，载于《人民日报》1980年2月1日。

［76］田雪原：《关于人口老龄化问题》，载于《人民日报》1980年3月18日。

［77］田雪原：《中国人口的现状和特点》，载于《人口学刊》1981年第4期。

［78］田雪原：《从十亿人口出发建立发展国民经济的基本战略思想》，载于《社会科学辑刊》1981年第6期。

［79］田雪原、陈玉光：《经济发展和理想适度人口》，载于《人口与经济》1981年第3期。

［80］田雪原：《新时期人口论》，黑龙江人民出版社1982年版。

［81］田雪原：《具有深刻历史意义的转变——建国35年来人口发展的回顾与展望》，载于《人口学刊》1986年第3期。

［82］田雪原：《源于实践高于实践——纪念马寅初〈新人口论〉发表30周年》，载于《人口与经济》1987年第5期。

［83］田雪原：《人口和经济发展战略》，载于《经济研究》1989年第12期。

［84］田雪原：《三次人口浪潮的冲击和相应的宏观决策研究》，载于《中国人口科学》1990年第1期。

［85］田雪原：《市场经济体制下的人口控制》，载于《中国社会科学》1993年第6期。

［86］田雪原：《论人口与国民经济的可持续发展》，载于《中国人口科学》1995年第1期。

［87］田雪原：《大国之难：当代中国的人口问题》，载于《大国之难：当代中国的人口问题》，今日中国出版社1997年版。

［88］田雪原:《中国人口政策60年》，社会科学文献出版社2009年版。

［89］王金营:《中国计划生育政策的人口效果评估》，载于《中国人口科学》2006年第5期。

［90］吴开流、刘兆祥:《一部具有创新精神的学术著作——推荐〈人口预测和人口控制〉》，载于《人口与经济》1982年第6期。

［91］辛平:《错误批判马寅初的前前后后》，载于《炎黄春秋》1999年第10期。

［92］易富贤:《大国空巢：反思中国计划生育政策》，中国发展出版社2013年版。

［93］曾毅、顾宝昌、梁建章、郭志刚:《生育政策调整与中国发展》，社会科学文献出版社2013年版。

［94］曾毅:《以晚育为杠杆，平稳向二孩政策过渡》，载于《人口与经济》2015年第2期。

［95］曾毅:《试论二孩晚育政策软着陆的必要性与可行性》，载于《中国社会科学》2006年第2期。

［96］曾毅:《二孩晚育软着陆方案有利于解决中国出生性别比偏高问题》，载于《社会科学》2009年第8期。

［97］曾毅:《普遍允许二孩，民众和国家双赢》，载于《社会观察》2012年第9期。

［98］曾毅:《曾毅：生育政策不变，危及复兴大业》，载于《上海经济》2013年第8期。

［99］曾毅:《尽快实施城乡“普遍允许二孩”政策既利国又惠民》，载于《人口与经济》2015年第5期。

［100］翟振武:《中国人口年龄误报的现象与特点》，载于《人口与经济》1987年第2期。

［101］翟振武:《对中国1953—1964年，1964—1982年生命表指标的估计》，载于《人口研究》1987年第1期。

［102］翟振武:《简略生命表中a值的研究》，载于《人口研究》1988年第3期。

［103］翟振武：《中国1981—1987年人口死亡水平及模式的变化趋势》，载于《人口学刊》1989年第2期。

［104］翟振武、路磊：《现代人口分析技术》中国人民大学出版社1989年版。

［105］翟振武：《创造有利于人口控制的社会经济环境》，载于《人口研究》1991年第6期。

［106］翟振武、李小平、李建新、刘爽：《中国人口数量：究竟多少亿才合适?》，载于《人口研究》2002年第4期。

［107］翟振武：《中国农村人口增长的经济机制（1949—1979)》，载于《人口研究》2011年第4期。

［108］翟振武：《中国第五次人口普查公报透视》，载于《人口研究》2011年第3期。

［109］翟振武：《中国人口规模与年龄结构矛盾分析》，载于《人口研究》2011年第3期。

［110］翟振武：《人口问题本质上是发展问题》，载于《中国人口科学》2011年第1期。

［111］翟振武、明艳：《定义“人口安全”》，载于《人口研究》2005年第3期。

［112］翟振武：《中国总和生育率水平究竟有多高?》，载于《市场与人口分析》2005年第6期。

［113］翟振武、李建新：《中国人口：太多还是太老》，社会科学文献出版社2005年版。

［114］翟振武、陈佳鞠、李龙：《现阶段中国的总和生育率究竟是多少?》，载于《人口研究》2015年第6期。

［115］张车伟：《中国人口与劳动问题报告No. 19》，社会科学文献出版社2018年版。

［116］甄静慧：《梁中堂：推动“二孩政策”的先行者》，载于《晚晴》2016年第3期。

［117］郑晓瑛、左学金、顾宝昌、彭希哲、解振明、穆光宗：《重新认识中国人口问题——纪念马寅初先生诞辰130周年》，载于《人口与发

展》2012 年第 3 期。

［118］钟水映：《对中国人口总量统计误差的研究应该慎之又慎——兼与梁中堂教授商榷》，载于《中国人口科学》2004 年第 2 期。

［119］中共中央文献研究室：《建国以来重要文献选编》，中央文献出版社 1993 年版。

［120］Hagewen, K. J. and Morgan, S. P.. 2010. Intended and Ideal Family Size in the United States, 1970－2002. *Population & Development Review*, 31 (3), 507－527.

后　记

《新中国人口思想研究》终于完稿，笔者心中仍有很多感慨。笔者个人的研究方向主要是西方经济思想，也曾做过一些中国近代经济思想的研究。但是对于1949年以后新中国经济思想研究，笔者过去并没有太多的研究经验和学术准备。所以，对于这本书的写作难免有一些忐忑不安。

好在程霖教授及其研究团队在这个领域耕耘多年，拥有丰富的研究经验，也产出了大量的学术成果。这几年，笔者在旁侧观察和学习，多少学到一点儿关于新中国经济思想的研究方法。所以，通过努力尝试，希望能够将这些新学到的经济思想史研究方法，运用到这项研究工作中去。

人口问题，多年来一直是学术界乃至全社会都非常关注的问题。多年来，笔者在各种媒体上读过大量学者讨论人口政策及人口问题的文章。2013年，中国放开单独二孩生育；2015年，中国全面放开二孩生育。这些重大的人口史上的政策变更，笔者既是旁观者，也经历其中。但是，“不识庐山真面目，只缘身在此山中”。希望通过学术研究，把自己经历过的历史阶段、历史问题搞清楚，这正是当代史研究的困难之处。

以前，笔者的研究多偏向西方经济思想或者中国近代经济思想，也正因如此，深知历史研究很困难，最好能拉开一段距离，一方面是能获得更充分的资料和数据，另一方面是不容易受自己的情绪、情感的影响，这样才能对历史进行客观中立的评价。而且，做思想史研究，还必须广泛阅读二手文献，阅读别人对于一些问题的评价。而做当代思想史研究，缺乏前人的研究可以借鉴，必须依靠自己的视野和判断，对研究对象作出中肯的评价。所以，这项工作是非常艰难的。

与中国人口问题有关的文件、通知、领导人讲话、重要媒体报道数量极大。彭珮云主编的《中国计划生育全书》所收集的部分文献就多至1500页。笔者在学习大量当代学者对于人口问题的研究之后，有一个最直观的感受，那就是对于“特征事实”缺乏一致性的认识。经济学家经常被开玩笑：“三个经济学家可能有四种看法。”而曼昆曾经明确地指出，经济学家的分歧并没有大众想象得那么大。经济学家一般只在两种情况下出现分歧：第一种，当不同学者对于事实的认识不同，那么就有可能产生分歧；第二种，当不同学者面对公认的事实，但所秉持的价值观不同，那么也有可能产生分歧。除此之外，只要对于经济事实的认识一致，用经济学分析工具所得的结果基本也会一致。

这个结论同样适用于人口学研究。中国有诸多人口学者，从马寅初到梁建章，在价值观上恐怕并没有什么区别。只是对于中国人口的状况存在不同的认识，从而导致不同的政策建议。所以，要研究这些学者的人口思想，就有必要进一步研究他们对于人口的测算和判断，研究他们形成政策建议背后的实证研究基础。本书作为一本探索性的思想史著作，无意对中国人口70年的所有政策言论都进行深入描绘和检验，因为很多政策都存在不一致或者前后矛盾，有时又有重复或者反复。毕竟它们总是受到时代观念和个人认识的制约，出自不同学派，在现实中产生的影响也千差万别，不可单从文本上一概而论。本书尝试从这浩如烟海的文献中，整理归纳出最主要的观念作为线索，对此加以辨析和整理，作为帮助我们反思新中国成立70年人口思想的一种尝试。

在很长一段时间内，中国的人口数据都非常匮乏，导致学者只能依据一些二手的资料加以推算，推算结果的准确性也非常值得推敲。这正是新中国早期人口思想摇摆不定的重要原因。一直到近二三十年，每隔10年一次的全国性人口普查已经成为惯例，而且普查数据的质量越来越高，能为学者提供更多有关人口结构的细节。

所以，人口学者的思考和建议变得越来越清晰与直接。这和中国科学技术水平发展、人口普查数据质量提高、人口学研究水平提高等因素密不可分。中国人口思想的演进，需要放在这样的经济社会背景和学术背景下加以讨论。

同时，本书也将最多的篇幅，用于讨论1980年以后开始推行的计划生育政策上。笔者是早期的独生子女，从小听到大量有关计划生育的讨论。在后来读到关于人口问题的讨论中，是否放开计划生育也一直是讨论的焦点。两派人口学者围绕这个问题争论多年，直到2013年以后才逐渐有了眉目。所以，在笔者的心目中，计划生育就是中国人口研究的焦点。

而在深入研究计划生育后才发现，这项制度的出台经历了许多曲折，自它出台起，就一直有学者对其进行批评。在它全面施行的三十多年里，国内外对它的反思和批评也从未停止。计划生育政策对于中国人口和中国经济的影响是非常复杂的，今天仍然可以进一步加以讨论。中国人口的总和生育率在施行计划生育的过程中，逐渐降低到一个非常低的水平。当然，在这几十年里，中国经济也取得了巨大的进展，令世人瞩目。这些进展都是同步进行的，很难拆分或者提取出来单独进行讨论。

但是，仍然很有必要对计划生育的成效进行各方面的讨论。计划生育施行了三十多年，差不多正是一代人的时间。这就是我们所经历的历史和需要反思认识的历史。历史没有假设，历史需要反思。

在这本书的写作过程中，我一直受到程霖教授的关心和指导。没有他的建议和督促，就不可能有这本书的存在。我还要感谢经济科学出版社的孙丽丽、纪小小两位编辑的大力支持。当然，由于时间紧迫，个人研究能力有限，本书一定存在不少错误和缺陷，全都由笔者本人负责。希望读者提出宝贵意见，以后能有机会修订改正。

梁捷

2019年9月